예수를 따르는 자

복음서의 제자직

김춘기

예수를 따르는 자- 복음서의 제자직

지은이 김춘기
펴낸이 정덕주
펴낸곳 한들출판사
서울시 종로구 연지동 136-46 기독교회관 710호
등록 제2-1470호 1992

2009년 5월 20일 초판 1쇄 인쇄
2009년 5월 25일 초판 1쇄 발행

E-Mail handl2006@hanmail.net
홈페이지 www.ehandl.com
전화 편집부 741-4068~69
영업부 741-4070 FAX 741-4066
ISBN 978-89-8349-466-5

예수를 따르는 자

Disciple-ship

복음서의 제자직

김춘기

한들출판사

책을 내면서

필자가 신약성서를 연구해 오면서 제자직에 관심을 가지게 된 것은 매우 최근의 일이다. 그것은 현재의 신약성서 연구의 흐름과 무관하지 않다. 신약성서는 이제까지 주로 기독론이나 구원론 혹은 교회론을 중심으로 연구가 되었다. 그러나 최근에 와서는 예수의 제자직을 연구하는 논문들이 많아졌다. 여기에 부응하여 필자도 얼마 전 대학원 과정에서 '신약성서에 나타난 제자직'이라는 과목을 개설하여 학생들과 함께 연구할 기회를 가졌다.

그러던 중 지난 학기에 서울 소망교회에서 연구비를 지원 받게 되었다. 교회에서 지원하는 연구이기에 너무 신학적인 주제보다는 교회에 필요한 주제를 연구하는 것이 더 바람직하겠다는 생각이 들어서 복음서에 나타난 제자직에 관하여 책을 쓰기로 하였다.

'예수의 참된 제자가 된다는 것은 과연 무엇인가'라는 질문과 거기에 대한 대답은 한국교회에서 수없이 논의해 왔던 것이다. 그럼에도 불구하고 그 질문에 대해 명확한 대답을 하기는 매우 어렵다. 본서는 여기에 대한 수많은 대답 중에서도 특히 복음서에서 예수의 제자들을 어떻게 규정하고 있는지를 살펴보았다. 그것은 제자직의 범례를 최초의 예수의 제자들의 모습에서 찾으려는 시도가 최우선이어야 한다는 생각에서이다. 그러나 이것은 하나의 시작일 뿐 더 깊은 연구가 앞으로도 있어야 할 것이다.

본서의 4장 "요한복음의 제자직"은 일전에 필자가 쓴 논문(《신학과 목회》, 2004)과 박사학위 논문을 기초하여 개작한 것임을 밝힌다.

개인적으로 이런 연구를 할 수 있도록 도와준 소망교회와 영남신학대학교와 살림교회에 깊은 감사를 드린다.

2009년 5월

차 례

제2장 마태복음의 제자직: 예수의 뜻을 행하는 자

제3장 누가복음의 제자직: 예수의 해방 사역에 동참하는 자

들어가는 말

그리스도인이 된다는 것은 예수를 믿어 구원을 얻는 것으로 끝나지 않는다. 오히려 구원을 얻는다는 것은 끝이 아니라 새로운 시작을 의미한다. 그것은 네 복음서의 마지막 구절이 새로운 사명으로 끝나는 것으로 보아 알 수 있다.

마태복음이 그 대표적인 예인데 예수는 이 세상을 떠나면서 제자들에게 "내가 너희에게 분부한 모든 것을 가르쳐 지키게 하라"(마 28:20a)고 명령하였다. 마가복음에서도 마태복음만큼 분명하지는 않지만 그 의미는 동일하게 나타난다. 마가복음은 "제자들이 나가 두루 전파할 새 주께서 함께 역사하사 그 따르는 표적으로 말씀을 확실히 증거하시니라"(막 16:20)로 끝난다. 누가복음은 사도행전과 연결되면서 제자들의 사역이 예수의 사역을 승계하고 있음을 분명히 하고 있다. 요한복음의 결론도 예수에 대한 제자들의 증언으로 끝나고 있다. 요한복음에는 끝 절 바로 앞에서 "이 일들을 증언하고 이 일들을 기록한 제자가 이 사람이라 우리는 그의 증언이 참된 줄 아노라"(요 21:24)고 기록되어 있다. 그것은 요한복음이 예수에 대한 참된 증언이라는 것을 말하는 동시에 애제자로 상징되는 익명의 제자들과 보혜사에 의하여 그 증언이 계속되고 있다는 것을 말하는 것이다.

이와 같이 네 복음서의 끝 절들이 보여 주는 공통점은 예수의 사역이 그의 제자들을 통하여 계속되어야 한다는 것이다. 예수는 이 지상의 사역을 마치고 떠나서 여기에 계시지 않지만 그의 사역은 끝나지 않았다. 그의 사역은 승계 받은 제자들을 통하여 지금, 여기서 계속되고 있는 것이다.

이 점에서 오늘날 그리스도인이 된다는 것은 예수를 믿어 구원을 얻는다는 개인의 구원 이상의 것을 의미한다. 그것은 예수의 제자가 되어 그의 사역을 대행한다는 것이기 때문이다. 우리는 그것을 제자직(discipleship)이라고 칭한다.

제자직에 대한 소명이 없는 그리스도인은 사적 인간(私的 人間)에 머물러 있는 것이다. 그것은 자기 개인의 영적 문제나 개인과 관계된 문제 안에 머물러 있는 그리스도인을 의미한다. 이런 그리스도인은 자기 개인의 문제는 넘어선다 하여도 자신의 가족이나 자신이 속한 교회, 나아가 더 넓힌다 하여도 자신이 믿고 있는 기독교를 넘어서지 못하는 신앙적 삶을 살게 될 것이다.

그러나 그리스도인이 된다는 것이 예수의 명령대로 '자신을 부인하는 것'(마 16:24)이며, 바울의 고백대로 '자신이 매일 죽는 것'(고전 15:31)이라면, 그리스도인은 더 이상 자기 자신의 문제 해결이라는 사적 수준에만 머물러 있을 수는 없게 된다. 그리스도인은 그리스도인이 되는 순간 이미 그리스도 안에서 죽었기 때문이다.[1] 그것은 자기라는 사적 인간에서 '그리스도인'이라는 공적 인간(公的 人間)으로의 전환을 의미한다. 더 이상 자기 개인의 꿈이나 이상이나 목적에 따라 사는 사람이 아니라 그리스도가 보여 준 비전을 위하

1) 바울은 갈 2:20에서 그것을 "내가 그리스도와 함께 십자가에 못 박혔나니 그런즉 이제는 내가 사는 것이 아니요 오직 내 안에 그리스도께서 사시는 것이라"고 말한다.

여 자신의 모든 것을 버리고 사는 사람인 것이다. 그러므로 넓은 의미에서 그리스도인은 예수의 제자가 된다는 것을 의미한다.

이 책에서는 이런 제자직이 무엇인지를 예수의 생애를 기록한 네 복음서에서 찾아보았다. 그것은 두 가지 점에서 의미가 있을 것이다. 그중 하나는 제자직의 본질을 최초로 예수를 따르던 제자들에게서 찾는다는 것이다. 제자직이 무엇인지에 관하여 여러 가지로 대답할 수 있지만 가장 궁극적 대답은 우리의 참된 스승인 예수와 그분을 처음으로 따랐던 제자들에게서 찾아야 할 것이다. 이 점에서 제자의 본질을 네 복음서에서 살펴보았다.

다른 하나는 네 복음서에 나타난 제자직이 매우 다양하다는 사실이다. 그것은 예수의 제자가 무엇인가에 대한 답이 오직 하나라는 단답형 대답으로 얻을 수 없다는 것을 의미한다. 네 복음서는 저마다 다른 제자직을 보여 주고 있다. 분명 똑같은 예수의 제자들이지만 각 복음서 저자는 그 제자직을 모두 다르게 보고 있다. 어떤 경우에는 같은 제자들을 말하면서도 서로 매우 상반된 견해를 보이기도 하였다. 이와 같이 복음서에서 제시된 다양한 제자직은 그것이 고착화된 교리적 제자직이 아니라 역사의 현장에서 살아있는 제자직을 보여주고 있는 것이다. 우리는 이런 다양한 제자직을 통하여 지금, 여기서 각 사람의 처지와 형편이 복음서의 상황과 일치하는 것에 따라 제자직을 선택할 수 있다. 그때 그 제자직은 현실과 동떨어진 과거나 교리 속에 존재하는 죽은 제자직이 아니라 지금, 여기 우리의 현실 속에 살아 있는 제자직으로 다가올 것이다.

이 책은 복음서가 쓰인 순서에 따라 마가복음, 마태복음, 누가복음 그리고 요한복음에 나타난 제자직 순으로 서술되었다. 신약성서의 다른 부분에 나타난 제자직에 관하여는 이후에 기회가 닿는 대로 다루어 볼 계획이다.

||||| 제1장 |||||

마가복음의 제자직: 십자가를 지는 결단

마가복음이 신약성서에서 중요한 위치를 차지하는 이유는 두 가지이다. 첫째는 이 복음서가 예수의 생애를 다룬 네 복음서 중에서 가장 먼저 기록되었다는 것이다. 이 말은 마가복음이 마태복음과 누가복음의 자료가 되었다는 것을 의미한다. 둘째는 마가복음이 당시 어느 문학에서도 나타나지 않은 '복음서'라는 새로운 양식으로 예수의 생애를 기록하였다는 것이다. 물론 마가복음이 쓰일 당시에도 마가복음과 유사한 위인전기(biography)가 있었다. 그러나 마가복음은 이런 전기와는 근본적으로 달랐다. 마가복음에는 위인전기에서처럼 예수의 전 삶에 대한 기록이 나타나지 않는다. 오히려 예수의 삶에서 가장 중요한 한 사건, 즉 십자가 사건을 중심으로 그의 모든 삶이 조명되고 있다.[2)]

그 이유는 여러 측면에서 설명할 수 있을 것이나 여기에서는 제

---

2) Philip L. Shuler, *A Genre for The Gospels: the Biographical Character of Matthew* (Philadelphia: Fortress Press, 1982), 참조.

자직과 연관하여 살펴보고자 한다. 마가복음에 나타나는 여러 신학적 주제들 가운데 특히 학자들 사이에서 많은 논의가 있었던 부분은 세 가지이다.[3] 첫째는 십자가 신학(the theology of suffering)이고, 둘째는 예수의 정체성에 대한 신비(the mystery of Jesus' identity)이며, 셋째는 제자직의 성격(the nature of discipleship)이다. 그럼에도 이 세 가지 주제는 결국에는 그 초점이 제자직으로 모아지고 있다. 예수의 정체성과 십자가 신학은 예수를 따르는 자들의 정체성과 삶의 길을 결정해 주기 때문이다. 이런 점에서 많은 학자들은 다른 복음서가 아닌 마가복음의 제자직에 관한 연구에 역점을 두어 왔다.[4]

이렇게 볼 때 마가복음 저자가 이상적인 제자직이 무엇인지를 나타내려는 목적으로 자신의 복음서를 쓴 것이라 해도 과언이 아닐 것이다.[5] 본 장에서는 그 이상적인 제자가 무엇인지를 살펴보고자 한다.

---

3) C. Beker, *The New Testament: A Thematic Introduction* (Minneapolis: Fortress Press, 1994), 74.

4) "2. 제자직에 대한 최근의 해석들" 참조.

5) L. W. Hurtado, "Following Jesus in the Gospel of Mark-and Beyond," *Patterns of Discipleship in the New Testament* (Grand Rapids: Eerdmans, 1996), 25-27.

1. 복음서의 특징과 문제점들

최초의 복음서인 마가복음의 형식에 나타나는 특징은 다음과 같다. 첫째, 이 복음서에는 예수의 탄생과 어린 시절 이야기가 없다. 둘째, 예수의 공생애―예수의 세례사건에서 빈 무덤까지―만 기록되어 있다. 셋째, 예수의 부활, 현현이야기가 없다.

이것은 마가복음의 주된 초점이 예수의 공생애에 맞추어져 있음을 알려준다. 그 공생애 내용을 분석해 보면 두 가지 특징이 나타난다. 그중 하나는 이 이야기에는 예수의 말씀에 대한 기록이 매우 적다는 것이다. 이것은 마가복음이 예수의 어록집인 Q 문서를 알지 못했거나, 아니면 예수의 어록에 관심이 없었기 때문일 것이다. 마가복음의 주요 관심은 예수의 공생애에 대한 이야기지 말씀이 아니었다.

다른 하나는 예수의 고난과 십자가 사건이 공생애의 중심이라는 것이다. 마가복음 저자가 예수의 공생애를 기록하면서[6] 그 기록의 삼분의 일을 수난사화에 초점을 두고 있다.[7] 그리고 그 수난사화의 정점은 예수의 십자가 사건이다. 그것은 예수의 부활사건에 대한 기록이 없다는 점에서 더 분명해진다.[8]

마가복음은 신학적 측면에서 보면 바울신학을 따르고 있다. 이 말은 바울 신학과 같이 마가신학도 '십자가 신학'이기 때문이다. 이

---

6) 요한복음에 따르면 예수의 공생애에는 적어도 세 번의 유월절이 있었음을 시사한다 (2:13; 6:4; 11:15). 그러나 마가복음은 자신의 신학적 의도 때문에 한 번의 유월절만 소개하고 있다.

7) 마가복음이 전체 16장인데 고난사화가 기록된 장은 여섯 장(11장에서 16장)이다.

8) *The Greek New Testament* (UBS, 1993), 190-192 참조. 희랍어 성경에 따르면 막 16:9-20에 나오는 예수의 부활과 현현 이야기는 사본 상 후대에 첨가된 것이 분명하다는 것을 알 수 있다. 이 점에서 마가복음은 빈 무덤을 보고 두려워하는 여인들의 이야기로 끝나거나, 아니면 부활 현현 이야기가 초기부터 상실되었거나 둘 중 하나일 것이다. 대부분 학자들의 의견은 전자를 따르고 있다.

점에서 켈러(M. Kähler)는 마가복음을 "확장된 서문을 지닌 수난사화"(passion narratives with extended instructions)로 규정하였고,[9] 킹스버리(J. D. Kingsbury)는 그것을 "케리그마적 이야기"(kerygmatic story)라고 정의하였다.[10] 그것은 바울신학의 핵심인 케리그마를 이야기 형식으로 표현하였다는 것이다.

이렇듯 마가복음 저자가 초대교회의 케리그마를 예수의 이야기로 전환시킨 것은 분명한 이유가 있기 때문이다. 설교의 형식으로 선포되는 케리그마는 듣는 사람들에게 결단할 수 있는 기회를 주었지만 그 선포된 말씀을 자신의 삶으로 연결시키기는 쉽지 않았다. 그 결과 케리그마가 중심이던 초대교회는 삶과는 유리된 신앙을 형성하게 되었다. 또 다른 문제는 재림의 지연으로 예수의 목격자들이 세상을 떠나게 되었다는 것이다. 이 두 가지 문제들—삶과 유리된 신앙과 목격자들의 죽음—을 해결하기 위하여 마가복음의 저자는 복음서라는 특별한 양식을 통하여 예수의 이야기를 전하고자 하였다.

이때 마가복음의 저자는, 여러 신학적 측면으로 예수를 해석할 수 있었지만, 그중에서도 십자가의 신학을 바탕으로 복음서를 쓰게 되었다. 마가복음을 읽어 보면 저자는 의도적으로 예수의 부활을 기록하지 않았다는 것을 알 수 있다. 마가복음의 구성을 보면 먼저 예수의 공생애로 이야기를 시작하고 있다. 그리고 이 3년의 공생애 가운데 마지막 일주일의 이야기에 전체 복음의 삼분의 일을 할애하고 있다. 그것은 저자가 자신의 복음서를 쓸 때 당시 유행했던 전기 형식으로 쓰려고 하지 않았다는 것을 의미한다. 마가복음의 저자는 예수의 일주일 사건, 즉 예수의 수난과 죽음을 중심으로 예수의 삶을

---

9) M. Kähler, *The So-Called Historical Jesus and the Historic, Biblical Christ* (Philadelphia: Fortress Press, 1964), 80.

10) J. D. Kingsbury, *Jesus Christ in Matthew, Mark, and Luke* (Philadelphia: Fortress Press, 1985), 28.

설명하고자 하였다. 그 일주일 사건을 우리는 흔히 수난사화라 한다. 그 수난사화의 중심이 바로 케리그마의 내용이다.[11)]

마가복음은 케리그마를 확대하여 예수의 삶을 이야기 형식으로 표현하고 있지만 케리그마와는 분명한 차이점을 보이고 있다. 그것은 부활에 대한 강조가 없다는 것이다. 물론 세 번의 수난예고(8:31, 9:31, 10:33-34)에서 예수는 자신의 죽음과 부활을 예언하였지만 예수의 부활과 현현의 이야기는 기록되어 있지 않다. 부활과 현현의 이야기인 마가복음 16장 9-20절은 사본 상 분명 후대의 기록이다.[12)] 그렇다면 원래의 마가복음은 빈 무덤을 보고 놀란 여인들의 이야기로 끝나고 있는 것이다(16:8). 실제로 마가복음이 16장 8절로 끝났는지 아니면 부활과 현현 이야기 부분이 아주 초기부터 상실된 채로 전해졌는지 알 수 없지만 분명한 것은 지금 우리가 가지고 있는 가장 오래된 마가복음 사본은 16장 8절로 끝나고 있다는 것이다.

이렇게 부활과 현현 이야기 없이 복음서를 끝낸 이유는 자명하다. 그것은 예수의 십자가 사건을 강조하기 위함이다. 마가복음은 예수의 부활을 축소하거나 폄하하기 위하여 그 기록을 남기지 않은 것이 아니다. 이는 세 번의 수난예고에서 예수는 십자가 죽음과 함께 사흘 만에 부활한다는 것을 이미 말한 것으로 보아 알 수 있다. 그러나 십자가 죽음과 부활을 동시에 강조할 경우 부활이 목적이 되고 십자가 죽음은 하나의 과정으로 이해될 수 있었다. 구원은 십자가 사건에서 일어난 것이라고 아무리 강조하여도 사람들은 예수의 궁극적 사건은 부활이라고 생각하려 하였다. 마가복음은 그것을

---

11) 초기 기독교 Kerygma의 원형은 고전 15:3-8에 나타나는데 그 핵심은 3가지다. 예수의 죽으심(15:3), 묻히심(15:4) 그리고 부활(15:4)이다. H. Conzelmann, "On the Analysis of the Confessional Formula in 1 Corinthians 15:3-5," Interpretation XX (1966) 참조.

12) 각주 8 참조.

경계하고 있다. 부활 사건을 생략함으로써 예수의 십자가 사건을 극대화하였던 것이다. 그만큼 마가복음은 십자가 사건이 중요하다고 생각했기 때문이다.

이러한 마가복음의 의도는 그 첫 문장에서 이미 분명하게 드러나고 있다. 마가복음은 "하나님의 아들 예수 그리스도의 복음의 시작이라"(막 1:1)는 말로 자신의 복음서를 시작한다. 이 문장은 동사가 없는 명사적 문장이다. '복음'에 대한 소유격을 사용하여 한 문장을 만들고 있다. 그것을 풀어서 설명하면 '예수가 그리스도이며, 그가 하나님의 아들이라는 것이 바로 복음'이라는 의미이다. 결국 마가복음이 말하고자 하는 복음은 '예수=그리스도=하나님의 아들'이라는 것이다. 마가복음은 이 복음, 즉 예수가 하나님의 아들이라는 사실이 예수의 십자가 죽음에서 선포된다고 말한다. 예수가 하나님의 아들인 것은 예수의 기적이나 말씀이나 부활의 사건이 아닌 바로 십자가 사건을 통해 만천하에 선포되었다. 그것은 백부장의 고백에서 극대화되고 있다. 십자가에서 죽는 예수를 보고 이방인 백부장은 "이 사람은 진실로 하나님의 아들이었도다"(15:39)라고 고백하였다. 이는 마가복음이 말하려는 복음, 즉 예수가 하나님의 아들인 것은 그의 기적이나 부활에 있지 않고 그의 죽음에 있다는 것을 분명히 선포한 것이다. 그것은 평행구절이 나오는 다른 복음서와 비교해 보면 더 분명히 알 수 있다. 예컨대 누가복음 24장 47절에서 예수의 죽음을 목격한 백부장은 예수를 '하나님의 아들'이 아닌 '의인'으로 고백한다. 이처럼 마가복음이 예수가 하나님의 아들로 계시되는 중심 사건을 예수의 십자가 죽음으로 보았기에 우리는 이런 마가복음의 신학을 십자가의 신학(thelogia crucis)이라고 말한다.

이 점에서 마가복음의 제자직은 예수의 십자가와의 연관성 속에서만 설명될 수 있는 것이다.

2. 제자직에 대한 최근의 해석들[13)]

네 복음서 가운데 제자들에 관하여 가장 부정적으로 묘사한 복음서는 마가복음이다. 네 복음서 모두가 제자들의 상태에 관하여 긍정적이면서도 동시에 부정적으로 묘사하고 있지만 그 가운데 마가복음의 제자들에 대한 부정적 관점의 강도가 훨씬 심하다. 다른 세 복음서에서는 제자들의 가장 부정적 모습이라 할 수 있는 예수에 대한 부인과 도피가 예수의 부활 이후 다시 긍정과 회귀의 모습으로 회복되는 것으로 끝나고 있다. 그것은 제자들이 궁극적으로는 예수와 화해하여 예수의 사역의 승계자로 활동하게 되었다는 것을 말해주는 것이다. 그러나 마가복음에서만 그렇지 않다. 제자들은 어떤 구체적인 화해도 없이 예수를 배반하고 도피한 상태로 마가복음서는 끝나고 있다.[14)] 이런 점에서 마가복음에 나타난 제자들[15)]에 대한 해석은 학자들마다 다양하게 나타날 수밖에 없었다.

1) 기독론적 관점에서의 해석

이 입장의 대표적인 신학자는 위든(Theodore J. Weeden)이다. 그는 마가복음의 기초를 기독론에 대한 투쟁으로 보았다. 마가 공동체는 예수를 헬라적인 '신적인간'(divine man, theios anēr)으로 보는

---

13) 이 부분은 김춘기, "마가복음에 나타난 제자직에 대한 고찰,"《신학과 목회》(1989), 52-63의 내용을 수정하여 인용하였음.

14) 그러나 본서에서는 제자들에 대한 보다 긍정적 평가를 하고자 한다. "제자직의 회복: 말씀을 기억함으로" 부분을 참조.

15) 마가복음에서는 '열둘'이란 용어가 11번 나온다(3:14, 16, 4:10, 6:7, 9:35, 10:32, 11:11, 14:10, 17, 20, 43). 한편 '제자들'이란 용어는 예수와 관련해서는 42번, 세례 요한의 제자들을 나타낸 경우가 3번, 바리새인들의 제자들로 사용된 경우가 1번이다. 마가복음에서는 '열둘'과 '제자들'은 상호교환 할 수 있는 용어들이다.

기독론의 영향을 받고 있었다. 이런 기독론은 예수의 고난이나 십자가보다는 그의 위대한 능력을 강조하였다. 그에 따르면 예수는 큰 기적을 행하는 분이며, 하나님과 예수 자신에 대하여 신비한 가르침을 전해주는 분이며, 부활 후에는 영화롭게 된 주로 경험되는 분으로 규정되었다. 그러므로 '신적인간 기독론'은 예수를 외적으로는 능력을 나타내는 분이고, 내적인 영으로는 자신을 계시하며 이 세상을 지배하는 존귀한 분으로 이해하는 것이다.[16] 이런 기독론에 따르면 진정한 신앙은 예수를 위대한 기적을 행할 수 있는 능력자인 동시에 존귀한 주로 경험하는 것이다.

그 결과 '신적인간 기독론'은 두 가지 면을 강조하게 되었다. 그 하나는 이 시대의 예수의 제자라면 예수와 같이 능력을 행할 수 있는 사람이어야 한다는 것이며, 다른 하나는 고난과 십자가로 나타난 예수의 역사적 삶을 축소시키고 부활 후의 영광과 영적인 예수를 강조한다는 것이다. 그러므로 '신적인간 기독론'에서는 예수의 고난과 십자가는 축소되고 궁극적인 승리, 즉 부활과 영광만을 강조하게 되었다.[17] 이런 신앙을 지닌 자들의 표상이 바로 마가복음에 나타난 제자들이라고 위든은 규정하였다.

이런 '신적인간 기독론'에 대항하여 마가복음은 '고난의 기독론'(the suffering christology)을 말하고 있다. 마가복음은 '신적인간 기독론'을 따르는 집단을 베드로를 중심한 제자단으로 묘사하면서 이들과 근본적으로 다른 예수의 삶을 보여 줌으로 참된 제자직이 무엇인지를 나타내는 것이다. 이 점에서 마가복음에 나타난 예수와 제자들과의 갈등은 서로 다른 기독론에 따른 갈등으로 보아야 한다.

위든은 이런 맥락에서 마가복음에 나오는 제자들의 삶을 세 단계

16) Theodore J. Weeden, *Traditions in Conflict* (Philadelphia: Fortress Press, 1971), 55-59.

17) Ibid., 160.

로 분석하고 있다.[18] 첫째 단계는 예수가 어떤 분인지 인식하지 못하는 단계인데, 이 단계에서는 대중들은 예수의 큰 능력을 깨닫고 있지만 제자들은 그런 예수의 능력조차도 아직 인식하지 못하고 있다(1:16-8:26). 둘째 단계는 예수가 어떤 분인지 인식하지만 잘못 인식하고 있는 단계이다(8:27-14:7). 여기서는 제자들이 예수의 능력을 보았지만 바르게 깨닫지 못하고 예수를 '신적인간'으로 보고 있다. 셋째 단계는 제자들이 예수를 배반하는 단계이다(14:10-72). 예수를 잘못 인식한 탓에 제자들은 예수의 고난과 십자가 앞에서 예수를 배반하게 되었다. 가룟 유다는 예수를 팔았고, 베드로는 예수를 부인하였고, 나머지 제자들은 예수를 버리고 도망하였다. 위든은 마가복음의 제자들은 갈수록 예수와의 관계가 더욱 악화되었고 결국에는 그들이 예수를 부인하고, 버리고, 떠나는 배반적인 행동으로 끝맺게 되었다고 결론짓고 있다.

이런 관점이 가지는 문제점은 과연, 위든이 분석한 대로, 마가복음에 나타난 제자들의 삶을 세 단계로 철저하게 도식화 시킬 수 있느냐는 것과 마가복음에서도 제자들을 긍정적인 면과 부정적인 면을 동시에 나타내고 있는 것을 어떻게 해석할 것인가이다. 이 점에서 제자들을 예수의 고난과 십자가를 부정하고 영광만을 추구하는 '신적인간 기독론'을 대변하는 그룹으로 볼 수 있을지가 문제이다.[19]

쉬말(G. Schmahl)도 베드로의 신앙고백(8:27-30)을 제외하면 마가복음의 제자들은 예수가 어떤 분인지 인식하지 못하고 있다고 파악하였다.[20] 위든과 같이 쉬말도 제자들의 인식의 실패를 심리적이

18) Ibid., 26-51.

19) Werner H. Kelber, "Apostolic Tradition and the Form of the Gospel," in *Discipleship in the New Testament* (Philadelphia: Fortress Press, 1985), 28.

20) G. Schmahl, "Die Berufung der Zwölf im Markusevangelium," *Trier Theologische*

아닌 기독론적으로 설명하고 있다. 그는 제자들의 인식의 실패를 브레드(W. Wrede)의 '메시아 비밀사상'[21]과 연결된 유사한 주제로 보았다. 이 두 주제의 공통점은 예수가 그의 생애 동안 자신의 참된 모습이 알려지는 것을 의도적으로 막았다는 것이다. 다시 말하면 예수는 자신의 참모습을 십자가와 부활을 통해서만 드러내고 있다는 것이다. 그것은 예수의 십자가와 부활이라는 관점을 통하여 그의 생애를 보지 않고는 결코 예수의 참된 모습을 인식할 수 없다는 의미이다. 그런 의도 중 하나가 '메시야 비밀사상'으로 나타났고, 다른 하나는 '제자들의 인식 실패'로 나타난 것이다.

쉬말의 관점으로 보면 마가복음의 제자들은 '부활 이전의 사람들'(pre-Easter people), 즉 부활의 관점에서 예수를 보지 못하고 있는 신자들의 표상이다. 이 점에서 제자들은 예수의 참모습을 인식하는 데 실패할 수밖에 없었다. 기독교 전승에 의하면 제자들은 부활 이후에 예수의 참 모습을 깨닫고 증거하는 사람으로 나타나는데 반해 마가복음의 제자들은 예수의 부활을 경험하지 못한 부활 이전의 인간상으로 나타나고 있기 때문이다.

어쨌든 위든과 쉬말은 마가복음에 나타난 제자들을 잘못된 기독론을 지지하는 자들로 상징하였다. 이들은 부활 후 예수의 모습을 극대화 하거나 부활의 전제 없이 예수를 보려는 무리들이다. 또 제자들을 잘못된 기독론을 지지하는 계층으로 보았기에 그들에 대한 평가도 부정적일 수밖에 없었다.

Zeitschrift 81 (1972), 203–213; Die Zwölf im Markusevangelium: Eine redaktionsgeschichtliche Untersuchung (Trier: Paulinus, 1974).

21) W. Wrede, *The Messianic Secret* (Cambridge: James Clarke & Co., 1971), 92–114, 231–236.

2) 교육적인 관점에서의 해석

이와는 달리 베스트(E. Best)[22]와 스톡(K. Stock)[23]은 마가복음의 제자들을 긍정적인 시각에서 설명한다. 스톡은 마가복음에 나오는 제자들의 특징을 예수와 긴밀한 연합성에 있다고 강조하였다. 즉, '예수와 함께함'(Mit-Ihm-Sein, 3:14)을 마가복음에 나타나는 제자들의 정체성으로 본 것이다. 제자들은 예수의 메시지를 수용하는 역할을 했으며, 특히 하나님 나라의 비밀을 전수 받는 자들이었다.[24] 물론 제자들은 예수에 대한 인식에 실패하였고, 배반, 배교까지 하였지만 '예수와 함께 하는 존재'인 그들의 제자직에는 변함이 없었다. 예수는 제자들이 자신을 버리고 도망갈 것을 예언하면서도 궁극적으로는 그들이 '예수와 함께 하는 존재'임을 다음과 같이 확인시키고 있다.

> 너희가 다 나를 버리리라 이는 기록된 바 내가 목자를 치리니 양들이 흩어지리라 하였음이니라. 그러나 내가 살아난 후에 너희보다 먼저 갈릴리로 가리라(14:27, 28).

이 구절과 같은 내용을 예수의 빈 무덤에서 천사가 여인들에게 다시 전하고 있다. 그것은 "예수께서 너희보다 먼저 갈릴리에 가리니 전에 너희에게 말씀하신 대로 너희가 거기서 뵈오리라 하라"(16:7)는 것이다. 그것은 부활 후 갈릴리에서 제자들과 예수가 화해할 것을 확인시키는 말이다. 그렇다면 마가복음은 제자들의 많은 실패

---

22) E. Best, "The Role of the Disciples in Mark," *NTS* 23 (1976-1977), 377-401; *Following Jesus: Discipleship in the Gospel of Mark* (Sheffield: JSOT Press, 1981).

23) K. Stock, *Boten aus dem Mit-Ihm-Sein. Das Verhältnis Zwischen Jesus und den Zwölf nach Markus* (AnBib70; Rome: Biblical Institute Press, 1975).

24) 막 3:13-19, 4:10-12, 4:34 참조.

에도 불구하고 결국에는 그들이 예수와 함께 하는 자로서 사도의 위치를 되찾을 것을 예언하고 있는 것이다.

베스트(E. Best)는 마가복음의 제자들에 대하여 가장 긍정적으로 평가한 학자 중 하나이다. 그는 마가복음이 실제 제자들의 위엄을 비난하려는 의도가 없었으며,[25] 이들을 그 당시의 이단자나 깨닫지 못하는 자들의 모델로 보지 않았다고 말한다. 마가복음은 제자들을 복음 선교의 역할을 제외하고는 어떤 특정한 지도자나 선포자로 보지 않았으며 오히려 일반적인 기독교 공동체의 한 구성원으로 보았다. 그렇다면 마가복음의 제자들이란 바로 마가 공동체를 상징하는 것이다. 이 점에서 마가복음에 나타난 제자들의 연약함, 몰이해, 배반 등을 너무 강조하지 말아야 한다. 왜냐하면 예수의 고난과 죽음 앞에서의 제자들의 무능력은 예수를 죽이려는 바리새인이나 제사장들의 잔악한 욕망에 비하면 아무것도 아니기 때문이다. 베스트는 그것을 "예수의 죽음을 바르게 이해하는 데 실패한 것은 예수를 죽이려는 의도보다 훨씬 덜 심각한 것이다"[26]라고 말한다.

이런 점에서 예수가 베드로를 꾸짖는 것도 사도 베드로에 대한 인격적 공격이 아니라 베드로로 상징화된 마가 공동체를 훈계하기 위함이다. 즉 제자들은 마가 공동체의 모형이며 이런 제자들의 실패는 교회 공동체의 실패를 교육시키기 위한 것이기 때문이다. 베스트는 이것을 "대조하여 남을 돋보이게 하는 역할"(Foil)로 설명하였다. 제자들의 계속되는 실패는 예수의 가르침이 더욱 더 필요하다는 것을 나타내기 위함이며, 제자들의 두려움은 예수가 그들에게 용기와 평안의 근원임을 보이기 위함이고, 자기 꿈을 성취하려는 제자들의 끊임없는 욕망은 예수의 섬김이 참된 인간의 모습임을 모두에게 가르치기 위한 수단으로 활용되는 것이다.[27]

25) E. Best, *Following Jesus,* 128.

26) E. Best, "The Role of the Disciples in Mark," 394.

결국 제자들의 모든 모습은 마가공동체를 교육하기 위한 수단이었다. 제자들의 실패는 궁극적으로 하나님의 사랑과 힘만이 모든 것을 해결할 수 있다는 것을 드러내기 위함이었다. 이런 사실은 마가공동체에게는 무한한 위안의 근거가 되었다. 스톡과 같이 베스트도 마가복음에는 예수와 제자들의 궁극적인 재결합이 나타나 있지 않음에도 불구하고 갈릴리에서 다시 만나자는 약속이 나타나는 것은 이것을 읽는 독자들에게 실패한 제자들임에도 불구하고 결국 모두가 하나님의 은혜로 재결합될 것임을 확신시키는 것으로 보았다.

베스트와 스톡이 이와 같이 제자들을 긍정적인 시각으로 보게 된 것은 제자들의 모든 삶—생각, 행동, 가치 기준—은 실제 제자들의 모습이 아니라 마가 공동체를 위한 교육적이며 목회적인 예증으로 보았기 때문이다.

3) 비유적, 수사학적 관점에서의 해석

크로산(John D. Crossan),[28] 펑크(R. W. Funk),[29] 리쾨르(P. Ricoeur),[30] 커모드(F. Kermode)[31] 등은 해석학적 범주로서의 비유에 관심을 두었다. 그 결과 마가복음에 나타난 제자들도 비유적 양식으로 이해하려 하였다. 마가복음 1장 16-20절에서 예수는 하나님

27) E. Best, *Following Jesus,* 129.

28) John D. Crossan, *In Parables: The Challenge of the Historical Jesus* (New York: Harper & Row, 1973).

29) R. W. Funk, *Language, Hermeneutic and Word of God* (New York: Harper & Row, 1966).

30) P. Ricoeur, *Interpretation Theory* (Texas: The Texas Christian University Press, 1976).

31) F. Kermode, *The Genesis of Secrecy: On the Interpretation of Narrative* (Cambridge: Harvard Univ. Press, 1979).

나라를 선포한 후 제자들을 불렀고, 제자들은 모든 것을 버리고 예수를 따르게 되었다. 그 후 3장 13-19절에서 예수는 열두 제자를 임명하고 이들에게 하나님 나라의 신비를 알 수 있는 특권을 주었다(4:10-11a). 또한 예수는 자기 사역의 동반자로 이들과 다니면서(4:35, 5:21, 6:32, 45, 8:1, 10:13) 자신을 대신하여 선교현장으로 보내기도 하였다(6:7-13, 30). 그러나 베드로의 고백 이후(8:29) 제자들의 몰이해는 두드러지게 나타났다. 서로 첫째가 되려는 자리 다툼(9:33-37), 어린아이들을 멸시하는 태도(10:13-16), 야고보와 요한의 욕망(10:35-45), 마지막 때에 대한 제자들의 무지(13장), 그리고 예루살렘에서의 예수에 대한 배신과 도망(14:10-11, 26-28, 29-31, 32-42, 43-46, 50, 53-72)으로 제자들의 삶은 끝맺고 있다.

이런 제자들의 삶에 대하여 비유적으로 해석한 대표적인 신학자는 커모드(F. Kermode)이다. 그는 마가복음에 나타난 이런 제자들의 삶의 모습을 '비유적 역동성'(parabolic dynamics)으로 해석하였다. 신해석학(The New Hermeneutic)에 따르면 예수의 비유에 나타난 가장 큰 특징은 '예기치 못한 전환'(an unexpected turn)[32]이다. 커모드는 마가복음의 제자들을 이런 예기치 못한 전환의 한 모델로 해석하였다. 마가복음에 나타난 제자들에 관한 이야기는 예수의 비유에 나타난 이야기와 그 문학적 구성이 같으며, 기능도 '예기치 못한 전환'을 야기 시키고 있기 때문이다. 즉 제자들은 원래 예수의 추종자로서 예수와 함께 하는 내부인(insider)으로 나타났다. 내부인이면 예수로부터 가장 큰 특권을 받은 자들이며 예수의 사역을 전승할 수 있는 유일한 사람들이다. 그러나 이야기의 결과는 전혀 반대로 나타나게 되었다. 특권을 받은 내부인인 제자들이 끝에 와서는

32) N. Perrin, *Jesus and the Language of the Kingdom* (Philadelphia: Fortress Press, 1976), 138.

예수를 배반하는 외부인(outsider)으로 전락해 버리기 때문이다.

초대교회의 전통적인 형식에 따르면 내부인에서 외부인으로 전락한 제자들은 예수의 부활 후 다시 내부인으로 회복되는 것으로 결말을 짓고 있다. 그것을 도식화하면 내부인→외부인→내부인[33]이 된다. 이 전통적인 형식에 의하면 제자들의 삶은 행복한 결말(happy ending)로 끝나는 것이어야 한다. 그러나 마가복음은 그런 양식을 거부하고 있다. 외부인이 된 제자들은 예수의 부활 후에도 개선되거나 화해하지 못하고 외부인 그대로 남게 되었다. 그들은 예수의 부활 후에도 예수를 만나지 못했으며 그 결과 예수로부터 새로운 사명을 다시 받지도 못하였다. 이것은 제자들에 대한 마가복음의 비유적 이며 수사학적인 의도이다.

비유에 나타난 '예기치 못한 역전'을 위하여 '개방된 끝남'(open ending)[34]을 사용하는 문학적 방법도 마가복음은 그대로 자신의 복음서에 적용시키고 있다. 제자들이 내부인에서 외부인으로 전락하는 역전과, 다시 내부인으로 돌아오지 못하는 의외성, 그리고 16장 8절로 갑작스러운 끝남 등은 마가복음의 독창적인 수사학적 의도이다. 마가복음은 이런 방법을 통하여 독자들을 새로운 세계로 초청하고 있다.[35] 그 세계는 독자들이 생각하는 상식의 세계가 아닌 전혀 예상하지 못한 세계, 즉 하나님의 나라인 것이다.

부머샤인(T. E. Boomershine)도 마가복음이 제자들의 실패와 여인들의 두려움으로 자신의 복음서를 끝내는 것(16:8)은 수사학적 충격을 주기 위함으로 설명하였다.[36] 마가복음은 제자들과 여인들의

---

33) 마 28:16-20, 눅 24:36-49, 요 20:19-23, 행 1:9-1을 보면 예수의 부활 후 제자들이 다시 예수에 대한 복음의 주역으로 나타난다.

34) '선한 사마리아 사람의 비유'에서 내부인인 유다 사람들이 제외되고 외부인인 사마리아 사람이 인정받는 역전이나 '결혼잔치 비유'(마 22:1-14), '탕자의 비유'(눅 15: 11-32), '씨 뿌리는 자의 비유'(막 13:1-9) 등에서도 의외성이 강하게 부각되고 있다.

35) 김춘기, "예수의 비유에 대한 현대적 해석," 《신학과 목회》(1987), 35-54.

실패로 복음서를 끝내는 것으로 독자들에게 충격을 주어 그들과는 달리 예수를 끝까지 추종하도록 유도하고 있는 것이다.[37] 여인들의 놀람과 침묵은 전적으로 부정적이지만 공포와 놀람과 두려움에 대한 여인들의 반응은 결과적으로 독자들에게 동정의 감정을 야기한다. 그러므로 이들의 부정적인 결과는 부정적 결과로 끝나는 것이 아니라 오히려 독자들을 강권하는 결과를 낳게 되는 것이다. 여인과 제자들의 부정적 결과는 독자들로 하여금 그렇게 하지 않도록 도와주는 긍정적 결과를 만들 수 있기 때문이다. 결국 마가복음에 나타난 제자들과 여인들의 부정적 결과는 독자들에게 긍정적인 결과를 야기하도록 하는 마가복음의 고도의 수사학적인 의도가 깔려 있는 것이다.

그것은 당시 마가 공동체가 심각한 위기 상황에 처해 있었기 때문이다. 마가복음은 제자들과 여인들의 실패를 통해 마가 공동체에게 결코 실패하지 말아야 한다는 역작용을 고무시키고 있는 것이다. 다시 말해서 마가복음은 표면적으로는 제자들과 여인들의 실패로 끝내고 있지만 내면적으로는 다른 복음서와 같이 마가 공동체가 예수의 사명을 더 완벽하게 감당하도록 고무하려는 역설적 의도가 있는 것이다.[38]

이와 같이 커모드와 부머샤인은 마가복음이 표현한 제자직을 사실 자체에 대한 진술이 아니라 수사학적인 의도에 따른 표현으로 보았다. 그것의 근본 의도는 비유적 역설이다. 다시 말하면 역전(reversal)을 통하여 새로운 의미를 주기 위함이라는 것이다.

---

36) T. E. Boomershine, "Mark, the Storyteller: A Rhetorical Investigation of Mark's Passion and Resurrection Narrative," (Ph. D. Diss., Union Theological Seminary, 1974).

37) Ibid., 233.

38) Ibid., 253.

4) 공동체의 갈등이라는 관점에서의 해석

서중석[39]은 마가 공동체와 베드로 공동체를 분리시키고 있다. 위든(T. J. Weeden)이 마가 공동체를 예수로 상징화 시키고 마가 공동체를 대적하는 공동체를 베드로를 중심으로 구성된 제자들로 상징화함으로 예수와 제자들 간의 적대 관계를 강조한데 반하여, 서중석은 마가복음에 나타난 제자들을 '신적인간 기독론'을 따르는 자들로 보지는 않았다. 그 이유는 마가복음의 제자들이 부정적 측면만 지닌 부류가 아니기 때문이다. 마가복음의 제자들이 긍정적 의미와 부정적 의미를 동시에 지닌다는 사실에 근거하여 서중석은 제자들을 베드로에서 발전된 정통기독교를 상징한다고 해석하였다. 그 공동체를 베드로 공동체로 보았고, 그에 대비되는 공동체를 마가 공동체로 보았다. 이 두 공동체는 완전한 적대 관계에 있지 않고 '부분 대립'(cross-cutting conflict) 관계에 있었다.[40] 이런 '부분 대립'은 사도의 정통성을 주장하는 베드로 공동체를 인정하면서도 그들보다 더 성숙한 공동체가 마가 공동체라는 것을 나타내려는 마가복음의 의도적인 표현이다.

이것이 바로 마가복음이 처음에는 제자들을 긍정적인 모델로 묘사하다가 점차 부정적인 모델로 변화시키고 있는 이유이다.[41] 이들은 마가복음 전반부에서는 예수의 제자로 부름을 받고, 12사도로 임명되고, 하나님 나라의 비밀을 전수 받아 예수를 대신하여 그 사역을 감당하지만, 예루살렘에 가까이 갈수록 그 특권이 무너지고 있다. 처음에는 예수를 위하여 모든 것을 버리고 따랐지만, 또 다른 욕망이 생기면서 예수를 통하여 자신들의 꿈을 성취하고자 시도하였

39) 서중석, "마르코 공동체와 베드로 공동체," 〈신학사상〉 58 (1987 가을), 531-547.

40) Ibid., 544.

41) Ibid., 538.

고, 결과적으로 예수의 십자가 죽음 앞에서는 배반과 부인과 도망으로 끝맺게 되었다. 결국 마가복음 14장 이후에는(특히 14:50, 72) 그동안 중요한 위치에 있던 베드로를 위시한 모든 제자들은 완전히 예수로부터 멀어지고 제자들의 실패한 사역은 마가 공동체가 대신 담당하게 되었다.[42)]

서중석은 실패한 베드로 공동체에 대해 대비되는 마가 공동체를 세 가지 모델로 설명하고 있다. 첫째, '소경 바디매오 사건'(10:46-52)에서 보여주는 모델이다. 이 이야기는 제자직의 주제들이 나오는 마가복음 8장에서 10장의 결론에 위치하고 있다. 그가 "겉옷을 내어버렸다"(50절)는 것은 시몬과 안드레가 그물을 버리고 예수를 따랐다는 것과 같은 의미이며, 52절에 예수를 '길'에서 '따르다'는 말은 마가복음의 제자직에 대한 두 주제[43)]—길과 따름—를 그대로 나타내는 말이다. 그렇기에 이 바디매오 사건은 단순히 예수의 기적 이야기에 속하는 것이 아니라 소명 이야기에 속한다고 서중석은 보았다.[44)]

둘째, '어린이들 사건'(9:33-37, 10:13-16)에 나타나는 모델이다. 마가복음에서 어린이들은 언제나 제자들의 잘못된 논쟁에 경고하고 참된 제자상이 무엇인지를 보여 주는 예증으로 사용된 계층이었다.

셋째, '여인들의 사건'(7:24-30, 12:43-44, 15:40-41, 16:1-8)에서 나타나는 모델이다. 여인들은 예수의 복음 선포 시작부터 나타났으며 갈수록 예수의 사역에 접근하다가 마지막에는 예수의 체포, 죽음, 부활의 증인으로 부각되고 있다.

결국 마가복음은 소외된 계층들—소경, 어린이들, 여인들—을 중심한 마가 공동체와 사도적 전통을 지닌 베드로 공동체의 부분대립

42) Ibid., 536.

43) 하워드 키, 《새 시대의 공동체》(서울: 기독교서회, 1983) 참조.

44) 서중석, op. cit., 536.

을 보여 주면서 결론에는 진정한 제자는 사도적 계열인 베드로 공동체가 아니라 소외된 계층으로 구성된 마가 공동체임을 부각시키고 있다. 마가 공동체는 자신들을 '목자 없는 양들'(6:34)로 규정하면서도 이들은 사도 계열을 자신들의 목자로 인정하지 않고 있다. 그들은 자신들을 사도들의 지시나 인도라는 어떤 중개도 없이 부활한 주님께 직접적으로 접근할 수 있는 진정한 제자로 인식한 것이다. 그렇다면 마가 공동체는 여인들의 역할이 상당히 중요했던 평신도 공동체였거나 소외된 계층들로 구성되었거나 이런 계층들을 이상적인 모델로 삼았던 공동체였을 것이다.[45]

이와 같이 서중석은 마가복음이 표현하려는 이상적인 제자상은 예수의 제자들이 아닌 새로운 계층이라는 대치이론을 제시하였다. 그러나 이런 서중석의 견해는 그것을 입증할 보다 많은 자료가 필요하다. 왜냐하면 마가 공동체의 존재를 입증할 자료가 전혀 없기 때문이다.

45) Ibid., 546.

3. 제자들의 모범인 예수

도나휴(J. Donahue)는 마가복음의 기독론과 제자직의 관계를 "예수의 이야기는 또한 그의 추종자들의 이야기가 되어야 한다"[46]고 정의하고 있다. 이 정의는 아주 보편적인 말로 보이지만 마가복음을 이해하는 가장 중요한 말이다. 왜냐하면 앞에서 언급한 대로 마가복음은 예수를 통하여 이상적인 제자의 모습을 나타내기 위하여 썼기 때문이다. 그렇다면 마가복음이 보여주고 있는 예수의 구체적인 모습이 바로 제자들이 따라야 할 모습인 것이다.

마가복음에 나타난 예수의 모습을 정리해 보면 아래와 같다.[47] 그의 죽음은 모든 사람들을 위하여 자기 목숨을 주는 대속적 제물(10:45)이며, 또한 많은 사람을 위하여 흘리는 언약의 제물, 즉 언약의 피(14:24-25)이다. 이것은 예수만이 수행해야 하는 사명이 아니라 그를 따르는 제자들도 수행해야 하는 사명이다. 예수는 그것을 "누구든지 나를 따라오려거든 자기를 부인하고 자기 십자가를 지고 나를 따를 것이라"(8:34)는 말씀과 "너희 중에 누구든지 크고자 하는 자는 너희를 섬기는 자가 되고, 너희 중에 누구든지 으뜸이 되고자 하는 자는 모든 사람의 종이 되어야 하리라"(10:43-44)는 말씀으로 요약해 주고 있다. 결국 예수는 제자들이 본을 받아야 할 유일한 모범인 것이다.

일찍이 브레데(W. Wrede)는 마가복음의 중심사상으로 '메시아 비밀사상'(messianic secret)을 말하였다.[48] 이 사상의 핵심은 예수의 십자가와 부활 이전까지는 어느 누구도 예수를 온전히 이해할

---

46) J. R. Donahue, "Jesus as the Parable of God in the Gospel of Mark," *Interpretation* 32 (1978), 377-378.

47) Hurtado, op. cit., 25.

48) W. Wrede, *The Messianic Secret* (London: James Clarke, 1971).

수 없었다는 것이다. 다시 말해서 십자가를 통하지 않는 어떤 관점도 예수를 바르게 볼 수 없다는 것이다. 예수는 그것을 십자가 전까지는 자신이 메시아임을 숨기는 것으로 암시하고 있다. 예수께서 공생애 기간 중 더러운 귀신들린 사람을 고쳐준 사건이 나온다. 그때 귀신이 나가면서 "나사렛 예수여, 우리가 당신과 무슨 상관이 있나이까. 우리를 멸하러 왔나이까. 나는 당신이 누구인 줄 아노니 하나님의 거룩한 자니이다"(1:24)라고 소리쳤다. 귀신들은 예수의 정체성을 이미 파악하고 있었던 것이다. 그럼에도 불구하고 예수는 귀신들의 고백을 꾸짖으면서 "잠잠하고 그 사람에게서 나오라"(1:25)고 명령하였다. 이런 모습은 고침 받은 나병환자에게도 하신 명령이며(1:43-44), 다른 귀신들에게도 하신 말씀이다(3:11-12).

이런 메시아 비밀사상을 끝내고 예수가 공개적으로 자신이 누구인지를 드러낸 때는 가이사랴 빌립보에서 제자들의 신앙고백을 들은 후이다. 여기서 예수는 "드러내 놓고"(8:32) 자신의 정체성을 말하였다. 그것은 예수의 십자가 사건을 말한 이후에 비로소 나타난 것이다. 예수의 십자가 없이 예수의 말씀이나, 이적들을 이해하려 든다면 그것은 이해가 아니라 오해이다. 많은 무리들과 제자들이 예수를 오해하고, 부인하고, 떠난 것도 십자가를 통하지 않고 예수의 이적을 보았고, 말씀을 들었기 때문이다. 이러한 이유로 예수는 십자가 지심을 말하기 이전까지는 자신의 정체성을 숨기신 것이다.

그렇다면 예수의 정체성과 제자들의 정체성 모두는 십자가에 집결되어 있는 것이다. 이 점에서 마가복음은 모든 초점을 십자가로 모으고 있다. 예수 그리스도의 십자가는 가장 이상적인 제자직의 모형이기 때문이다. 마가복음의 특징도 이것과 깊은 연관이 있다. 마가복음에는 마태복음이나 누가복음처럼 탄생이나 어린 시절의 기록이 나타나지 않는다. 그 대신 예수의 세례 사건으로 복음서를 시작하고 있다. 그 이유도 제자직과 연관되어 있다. 예수의 생애로 보면 그의 탄생과 어린 시절의 이야기는 매우 의미 있는 부분이다. 한 인물을 이해하는 것에 있어 그가 어떤 가문과 어떤 상황에서 탄생했으며, 그가 어떤 교육을 받고 자랐는지가 중요하기 때문이다. 그러나 제자들에게는 그것이 그렇게 중요하지 않다. 그것은 단지 스승의 과거를 이해하는 데 도움이 될 뿐이지 제자직을 수행하는 데는 별 의미가 없는 이야기이기 때문이다. 오히려 이런 이야기들은 자신들이 따라야 할 스승의 모습을 흐리게 만드는 요인이 될 수도 있었다. 반면에 세례는 초대교회에서 성도가 되는 입교의식이었다. 다시 말하면 성도, 즉 제자가 되는 첫 관문이 세례였다. 그렇기 때문에 마가복음은 제자직의 시작에 맞추어서 예수의 생애를 탄생이나 어린 시절이 아닌 예수의 세례 사건에서 시작하고 있는 것이다. 예수의 길은 곧 제자의 길이기 때문이다.

그것은 예수의 세례 이후의 삶에서도 그대로 나타나고 있다. 악트마이어(P. J. Achtemeier)는 마가복음의 구조를 분석하면서 6:7-10:52절을 제자직에 관한 장으로 보았다.[49] 그는 6장 7절-8장 21절을 '길 위에서 예수와 제자들'이라는 표제를 붙였다. 이 부분에서는 예수가 갈릴리 여러 지역을 다니면서 많은 이적을 행하고 말씀을 가르친 사건들이 나온다. 그 과정에서 제자들은 예수와 동행하면서 그의 말씀을 듣고 그의 이적을 보았다. 또한 8장 22-10장 52절을 악트마이어는 '예수와 소경: 제자직의 삶에 대한 교훈'이라는 표제를 붙였다. 이 부분은 예수의 수난에 대한 세 번의 예언이 중심내용이다. 그러나 제자들은 그 예언을 바르게 이해하지 못하였다. 그럼에도 불구하고 예수는 수난예언이 있을 때마다 자신이 가야할 길이 곧 제자들이 가야할 길이라고 교훈하고 있다. 첫 번째 수난예언(8:27-9:29)에서는 제자들에게 전적인 헌신을 요구하였다. 예수는 자신이

49) P. J. Achtemeier, "Mark, Gospel of" in *The Anchor Bible Dictionary,* vol. 4. (New York: Doubleday, 1992), 546.

고난과 죽음의 십자가 길을 가야하듯이 제자들도 자신을 부인하고 자기 십자가를 지고 예수를 따라야 한다(8:34)고 말한다. 예수를 위한 목숨 버림이 곧 목숨을 얻는 길이며 동시에 승리의 길(8:35-38)이기 때문이다.

두 번째 수난예언(9:30-10:31)에서 예수는 제자들을 자기처럼 타자를 섬겨야 하는 자라고 교훈한다. 둘째 예언을 하자마자 나오는 첫 사건은 제자들 중에 누가 큰 자인가에 대한 논쟁이다(9:33-38). 이에 대한 예수의 교훈은 섬기는 자가 첫째 되는 자라고 말한다. 그 예로 예수는 어린 아이를 영접하는 자가 예수를 영접하는 자이며 동시에 예수를 보내신 하나님을 영접하는 자라고 말한다(9:37). 그렇다면 가장 비천한 자를 한 인격자로 인정하고 받아들이는 것이 섬기는 것이며 그런 사람이 하나님을 영접하는 가장 큰 자가 되는 것이다.

세 번째 수난예언(10:32-45)은 세 예언 중 가장 길고, 세밀한 설명을 가하고 있다. 특히 한 청년의 예를 들면서 이상적 제자가 무엇인지를 설명하고 있다(10:17-31). 그 이야기의 결론은 제자란 자신의 가장 중요한 것조차 버리고 예수를 따르는 자라는 것이다. 이어서 세베대의 아들 야고보와 요한에게 예수는 자신의 잔을 마실 수 있는지, 그리고 예수가 받은 세례를 받을 수 있는지를 묻는다. 잔은 독배(14:36)를, 세례는 익사(눅 12:50)를 연상케 한다.[50] 따라서 잔과 세례에 나타난 상징은 죽음을 강력히 시사하고 있다. 예수는 제자들 가운데서 가장 큰 자가 되기를 원하는 두 제자들(마 20:20-28)에게 예수처럼 십자가 죽음을 감당할 수 있는지를 묻고 있다. 그것이 가장 큰 자가 행할 수 있는 일이기 때문이다. 그러면서 제자들에게 주는 예수의 교훈은 "누구든지 크고자 하는 자는 너희를 섬기는 자가

50) 정양모, "마르코 복음서," 《200 주년 신약성서 주해》(서울: 분도출판사, 2001), 232.

되고, 누구든지 으뜸이 되고자 하는 자는 모든 사람의 종이 되어야 한다"(10:43-44)는 것이다.

예수는 이 부분을 정리하면서 예수의 정체성과 제자의 정체성을 다음과 같이 요약하고 있다.

> 인자가 온 것은 섬김을 받으려 함이 아니라 도리어 섬기려 하고 자기 목숨을 많은 사람의 대속물로 주려 함이니라(10:45).

이 말씀 속에 마가복음의 기독론과 제자론의 핵심이 들어있다. 예수는 많은 사람들을 구원하기 위하여 그들의 죄를 대신하는 대속물로 오셨다. 그러므로 예수의 길은 십자가 길이어야 한다. 그것은 섬김을 받는 길이 아니라 오히려 섬기는 길이며, 목숨을 얻는 길이 아니라 목숨을 버리는 길이다. 그 길을 가야만 예수는 자신에게 주어진 사명을 완수할 수 있는 것이다. 이와 같이 예수를 따르는 자들도 그와 같은 길을 가야한다. 그때 비로소 그들은 예수의 진정한 제자가 될 수 있는 것이다.

마가복음의 시작에 예수의 탄생과 어린 시절의 이야기가 빠진 것처럼 마지막에도 예수의 부활 이야기가 없다. 마가복음은 무덤에서 예수의 시신이 없어진 것을 발견한 여인들의 놀라움으로 끝나고 있다(16:8). 물론 앞에서 지적한 대로 예수의 고난, 죽음에 이어서 부활의 예언이 세 번이나 있으며, 부활 후 예수가 제자들보다 먼저 갈릴리로 가겠다는 예언이 두 번(14:28, 16:7)이나 나오지만 정작 부활 후 예수의 이야기는 나오지 않는다.

그 이유도 제자직과 연관되어 있다. 부활한 예수는 더 이상 제자들이 따라야 할 대상이 되지 못한다. 이미 그때의 예수는 인간의 차원을 넘어선 신적 존재이기 때문이다. 마가복음의 예수 이야기는 "모든 성도들의 삶을 위한 하나의 청사진(blueprint)이다."[51] 여기서 청사진이라는 것은 설계도와 같은 것이다. 예수가 어떻게 살았느냐가 곧 제자들이 어떻게 사느냐를 결정하며, 그것이 오늘날 성도들이 어떻게 살아야 할 것인가를 말해준다. 그러기에 예수의 삶의 시작과 내용, 그리고 삶의 마지막 장면까지도 제자들과 성도들의 삶과 연관되어 있다. 제자들과 성도의 삶은 예수처럼 세례로 시작되어야 하고, 그들도 예수처럼 유혹과 갈등, 그리고 고난 속에서 하나님의 뜻을 전하는 선교의 길을 가야만 한다. 또한 제자들과 성도들도 삶의 마지막은 부활의 소망 가운데 죽음의 길을 가야만 하는 것이다. 부활 이후는 더 이상 이 땅의 길이 아니기에 기록할 필요가 없었던 것이다.

예수의 이야기가 제자들의 삶과 선교의 청사진이기에 마가복음은 1장 1절에서 "하나님의 아들 예수 그리스도의 복음의 시작"이라고 말한 것이다. 이 문장은 마가복음의 서문인 동시에 마가복음의 내용의 요약이다. 그 내용은 "예수가 하나님의 아들이며, 그리스도라는 것이 복음이며, 그것을 마가복음에서 쓰기 시작한다"는 것이다. 여기서 '시작'(archē)은 여러 의미로 해석할 수 있지만 제자직과 관련하여 본다면 예수가 제자들이 따라야 할 처음이자 마지막 인물임을 말하는 것이다. 그의 삶만이 제자들과 성도들의 삶의 청사진이 된다는 의미이다.

---

51) Hurtado, op. cit., 26.

4. 제자들에 대한 두 가지 상반된 평가

제자직에 관하여 학자들 사이에서 수많은 논란이 있는 이유는 마가복음에 나타난 제자들에 대한 평가가 상반되게 나오기 때문이다. 마가복음은 한편으로는 제자들을 긍정적으로 평가하고, 다른 한편으로는 부정적으로 평가하고 있다. 이 점에서 긍정적 평가를 중심으로 제자들을 본다면 제자들의 부정적 요소를 교육적 측면으로 해석할 수 있으며, 부정적 평가를 중심하여 본다면 제자들의 긍정적 요소도 기독론적, 혹은 논쟁적 측면으로 해석할 수 있을 것이다.[52] 이 장에서는 제자들의 긍정적인 면과 부정적인 면을 살펴 본 후 이 둘의 관계성에 관하여 살펴보고자 한다.

1) 제자들에 대한 긍정적 평가

제자들에 대한 긍정적인 평가는 그들의 소명사화에서 나타난다. 1장 16-20절에서 제자들의 예수와 첫 만남은 매우 극적으로 표현되고 있다. 그들은 예수의 부름에 어떤 망설임도 없이 자신들의 삶의 터전인 '그물'(1:18)과 '배'(1:20), '품꾼', 그리고 '아버지'(1:20)를 버려두고 예수를 따랐다. 이 말은 자신들의 삶에서 가장 중요한 두 가지 요소를 버렸다는 것을 의미한다. 하나는 삶의 터전인 직업을 버렸다는 것이고, 다른 하나는 삶을 살 수 있게 하는 아버지, 곧 친족을 버렸다는 것이다. 그것은 후에 베드로가 예수에게 "보소서 우리가 모든 것을 버리고 주를 따랐나이다"(막 10:28)는 말에서 그 증거를 찾을 수 있다. 베드로, 안드레, 야고보, 요한은 자신들이 모든 것을 포기하고 예수를 따랐다.

52) "2. 제자직에 대한 최근의 해석들" 참조.

이런 모습은 레위를 부를 때(2:13-14)도 마찬가지이다. 알패오의 아들 레위는 세리였다. 베드로, 안드레, 야고보, 요한은 어부였기에 예수는 그들의 삶의 현장인 갈릴리 바닷가로 찾아 갔듯이 레위도 세관에 앉아 있을 때 예수가 찾아 가셨다. 그리고 "나를 따르라"고 불렀다. 이런 부름에 대하여 레위도 "일어나 따랐다"(2:14).

이런 제자들에 대하여 가장 긍정적 평가는 열두 제자들을 세운 사건(3:13-19)에서 나타난다. 마가복음은 열두 제자들의 이름을 나열하기 전에 제자들의 정체성에 관하여 먼저 설명하고 있다. 제자들의 정체성은 세 가지이다(3:14-15). 첫째, 제자들은 예수와 함께 하는 자들이다. '함께하다'(meta)는 말은 제자란 예수의 사상을 따르기 이전에 먼저 그의 인격, 그의 삶과 함께 하는 사람이란 의미이다. 김지철은 그것을 "예수를 뒤따르는 길이란 사변적인 일이 아니라 삶의 전인격성을 동반해야 하는, 곧 더불어 경험하는 자리인 것을 말해 준다"[53]라고 말한다.

둘째, 제자는 예수의 보내심을 받아 세상으로 파송된 자들이다. 이들은 예수와 함께 함으로 하나님의 나라를 경험하고 예수와 인격적인 관계를 지님으로 그를 대신하여 그의 사역을 위해 세상으로 보냄을 받는다. 이런 선교적 임무를 수행할 수 있는 조건은 예수와 함께함으로 그의 증인이 되었기 때문이다. 결국 제자란 예수의 증인인 셈이다.

셋째, 제자는 예수로부터 권세를 받은 자들이다. 그것은 제자들이 단순히 예수를 증언하는 말의 사도가 아니라 말과 함께 능력의 사도임을 의미하는 것이다. 이 능력은 구체적인 변혁을 의미한다. 예수가 하나님의 나라를 선언하셨을 때 그 증표로 사탄의 통치를 물리치셨고, 그 증거로 나타난 현상이 기적이었다.[54] 다시 말해서 예수의

53) 김지철, 《마가의 예수: 설교를 위한 마가복음 연구》(서울: 한국성서학연구서, 1995), 47.

기적은 사탄의 통치가 사라지고 그곳에 하나님의 통치가 도래했다는 증표인 것이다. 이와 같이 예수의 제자들도 예수에 대한 증언과 함께 하나님의 나라의 도래를 나타내는 권세를 지니고 있다. 그것은 구체적으로 '귀신을 내 쫓는 권세'(3:15)이다. 그 증거가 6장 6b-13절에 나타난다. 제자들은 둘씩 짝을 지어 선교 여행을 떠났으며, 이들에게 예수는 "더러운 귀신을 제지하는 권세를 주셨다"(6:7). 그 결과 제자들은 복음을 전파하였고(6:12), "많은 귀신을 쫓아내며 많은 병자에게 기름을 발라 고쳐 주었다"(6:13).

그러므로 제자는 예수와 함께함으로 그의 능력을 받아 그의 사역을 대신하는 자들이다.

2) 제자들에 대한 부정적 평가

예수가 열두 제자들을 선택할 때부터 그중 한 명은 예수를 배반할 자로 소개되고 있다. 마가복음은 그것을 "또 가룟 유다니 이는 예수를 판 자더라"(3:19)고 말한다.

예수의 비유적 가르침에 대한 제자들의 태도도 애매하다(4:10-13, 33-34). 분명 11절과 33-34절에서는 제자들에게 비유의 비밀을 알게 해 주려고 예수는 모든 것을 해석해준다고 말하면서도 13절에서는 전혀 다르게 제자들을 책망하고 있다. 예수는 제자들에게 "너희가 이 비유를 알지 못할진대 어떻게 모든 비유를 알겠느냐"라고 말한다. 그러나 마태복음(13:10-30)과 누가복음(8:9-15)에 나오는 평행구절에서는 제자들에 대한 부정적 표현이 나오지 않는다. 마가

---

54) 알폰스 봐이저, 《성경은 무엇을 기적이라 부르는가?》(왜관: 분도출판사, 1987), 39-44. 봐이저는 "예수의 기적은 표증이다"라고 정의하면서, "그러나 내가 만일 하나님의 손을 힘입어 귀신을 쫓아낸다면 하나님의 나라가 이미 너희에게 임하였느니라"(눅 11:20)을 인용하고 있다.

복음에서만 제자들은 예수로부터 비유에 대한 모든 것을 깨달을 수 있는 특권을 받았지만 이런 특권을 자기 것으로 소유하지 못하였다고 지적하고 있다.

특히 두 번이나 나오는 바다 기적 사건에서 제자들의 모습은 매우 실망스러운 것이었다. 첫 번째 사건(4:35-41)에서 두려워하고 있는 제자들에게 예수는 마태복음(8:23-27)과 누가복음(8:22-25)과 다르게 "너희가 어찌 믿음이 없느냐"(4:40)라고 책망하셨다.

두 번째 바다 기적 사건(6:45-52, 마 14:22-33, 요 6:15-21)에서도 비슷한 현상이 나타나고 있다. 마태복음에서는 예수가 바다 위를 걷는 것을 보고 제자들은 놀랐지만 결과적으로는 그를 하나님의 아들로 경배하였다(14:33). 그러나 마가복음에서 제자들은 심히 놀라기만 했으며(6:51), 이런 제자들에 대한 평가도 매우 부정적으로 표현되고 있다. 마가복음은 그것을 "이는 그들이 그 떡 떼시던 일을 깨닫지 못하고 도리어 그 마음이 둔하여졌음이러라"(6:52)고 설명한다. 결국 마가복음의 제자들은 예수가 자신이 신적 존재임을 현현해 주는 사건에서도 두려움과 당황함으로 그들의 우둔함을 나타낼 뿐이다. 이와 비슷한 비판이 8장 14-21절에도 나온다. 바리새인들과 헤롯의 누룩을 조심하라는 예수의 말을 제자들은 전혀 이해하지 못하였다. 예수는 이런 제자들에게 "아직도 알지 못하며 깨닫지 못하느냐. 너희 마음이 둔하냐"(8:17)라고 책망하였다.

수난사화에 와서는 제자들에 대한 부정적 시각이 더욱 고조되고 있다. 베드로는 예수의 길을 가지 못하게 예수를 말렸고(8:33), 변화산에서는 예수의 변형의 의미를 전혀 파악하지 못하였다(9:6, 10). 가장 부정적 이야기는 예수의 십자가 사건이 기록된 14-15장에서 나타난다. 스승인 예수는 많은 사람을 위하여 스스로 고난을 견디며 십자가를 지고 나아가고 있는데, 유다는 예수를 팔았고(14:11), 베드로는 예수를 배반하였으며(14:66-72), 나머지 제자들은 예수를 버리고 도피하였다(14:50).

반면에 이런 부정적인 제자들에 비해 매우 긍정적으로 평가를 받는 다른 사람들이 있었다. 고침 받은 중풍병자(2:1-5)는 믿음을 지니고 있었으며, 거라사의 귀신 들렸던 사람(5:19-20)은 고침을 받은 후 예수를 따라가기를 간구하였다. 열두 해 동안 혈루병 앓던 여인은 예수의 옷만 손을 대도 병이 낫게 되리라고 생각했고(5:24-34), 구레네 시몬은 예수의 십자가를 대신 지었으며(15:21), 아리마대 요셉은 예수의 시신을 자신의 무덤에 모시기 위하여 빌라도에게 그의 시신을 달라고 당돌하게 요구하였다(15:43). 이런 사람들은 제자들보다 오히려 더 큰 신앙을 지닌 것처럼 보인다. 그럼에도 불구하고 이들을 마가복음은 예수의 제자라고 명명하지 않는다. 그들의 신앙적 행동은 한 번의 사건으로만 나올 뿐이다.

마가복음에서 지속적인 신앙적 삶을 보여주는 무리는 제자들과 여인들뿐이다. 여인들에 관하여는 후에 다시 언급하고자 한다.

이와 같은 제자들에 대한 두 가지 대조적인 평가를 어떻게 해석할 것인가가 문제이다. 제자들에 대한 긍정적 평가는 그것을 읽는 독자들에게 그들도 제자들과 자신을 동일시함으로써 제자들처럼 진정한 예수의 길에 참여할 수 있도록 초청한다고 볼 수 있다. 그렇다면 부정적 평가는 어떤 의미가 있는가. 제자들의 우매와 몰이해와 배반과 도망, 그리고 스승에 대한 부인은 어떻게 해석할 것인가. 그것도 교육적인 측면으로 해석하는 것이 바람직할 것이다. 어떤 학생을 가르칠 때 본받아야 할 이상형을 제시하는 방법도 있지만 경우에 따라서는 오히려 우매한 자나 실패자를 부각시킴으로써 그에 대한 역반응을 유도하여 가르칠 수도 있다. 실패자를 통하여 교육받을 자의 한계를 깨닫게 하고 그 실패자의 전철을 밟지 않게 하는 것이다.

마가복음을 읽어보면 그렇게 생각할 수 있는 부분이 여러 곳 나온다. 13장에서 마가복음 저자는 종말에 대한 여러 가지 설명을 하고 있다. 재난의 징조들과, 가장 큰 재난이 무엇인지, 또한 무화과나무 비유를 말해준다. 그리고 마지막 결론으로 다음과 같이 말한다. "깨어 있으라. 내가 너희에게 하는 이 말은 모든 사람에게 하는 말이니라"(13:37). 이 말에서 알 수 있는 것은 앞에서 한 말들은 제자들뿐 아니라 이 글을 읽는 독자 모두에게 교훈을 주기 위함이라는 것이다. 그것도 실패자들의 모습을 적나라하게 묘사함(13:35)으로써 교훈을 베풀고 있다. 14장 26-28절에서도 마찬가지이다. 제자들의 도망과 베드로의 부인을 언급한 것은 실패한 제자들을 책망하기 위함이 아니다. 실패한 제자들은 후에 부활한 예수를 갈릴리에서 만나게 될 것이다(14:28). 그렇다면 독자들은 십자가 밑에서 예수를 부인하고 도망한 제자들이 영원한 실패자가 아니라 부활한 예수를 다시 만나는 자로 회복되리라는 것을 알 수 있다. 결국 제자들의 실패를 숨김없이 묘사한 것은 독자들을 가르치는 하나의 방법이었던 것이다.

그러므로 제자들에 대한 긍정적 평가와 부정적 평가 모두 독자들을 교육하기 위함이다. 더욱이 이런 부정적 평가는 교육적 측면으로 보면 긍정적 평가보다 훨씬 효과적인 교육방법이 될 수도 있는 것이다.

5. 베드로의 삶에 나타난 제자직

베드로는 한 개인이 아니다. 베드로는 열두 제자 가운데서 첫 번째 제자이다(1:16, 3:16). 이 말은 그가 제일 먼저 부르심을 받았다는 의미도 있지만 그가 열두 제자들을 대표하는 수석 제자라는 의미도 있다. 그렇다면 베드로의 삶은 모든 제자들의 삶을 대표적으로 나타내는 것으로 보아야 한다. 마가복음은 이런 베드로의 삶을 소명에서부터 십자가 사건까지 전 과정에서 설명하고 있다. 이 점에서 베드로의 삶을 살펴보는 것이 참된 제자직이 무엇인지를 파악하는데 중요한 요소가 될 것이다.

앞에서 지적한 대로 예수는 제자들의 궁극적 모범이며, 제자들은 긍정적인 면과 부정적인 면이라는 이중성을 동시에 지니고 있다. 베드로의 삶을 이런 두 가지 면에서 살펴봄으로 제자직에 대한 원형을 발견할 수 있을 것이다.

1) 제자직의 시작(1:16-20): 단순한 복종

베드로의 삶은 제자직으로 소명 받는 사건에서 시작된다. 그는 어부였기에 갈릴리 바닷가에서 고기를 잡고 있었다. 예수는 그곳으로 베드로를 찾아 오셨다. 이 말은 두 가지를 의미한다. 첫째는 제자가 스승을 찾아가는 것이 아니라 스승이 제자를 찾아옴으로 제자직은 시작한다는 것이다.[55] 이런 방법은 당시 랍비나 희랍적 제자직과 구별된다. 일반적인 현상은 제자가 스승을 찾아 가는 것이 통례이다. 그러나 본문에 보면 예수가 제자들을 선택하고 있다. 그것은 제자직에 대한 모든 주도권은 스승인 예수에게 있다는 것을 의미한다.

---

55) J. 그닐카, 《마르코 복음 I》(서울: 한국신학연구소, 1985), 91.

제자를 선택하는 것도 스승의 몫이며, 제자에게 사명을 부여하는 것도 스승의 몫이다.

둘째는 예수는 제자들이 처한 그들의 삶의 현장으로 찾아간다는 것이다. 베드로가 어부였기에 그의 삶의 현장은 갈릴리 바다였으며, 그가 자신의 삶의 현장에서 일을 수행하고 있을 때 예수는 그를 찾아 가셨다. 그것은 레위를 부른 사건에서도 동일하다. 레위는 세리였기에 그의 삶의 현장은 세관이었다. 예수는 그 세관으로 찾아가셨다(2:13-14). 그렇다면 예수가 제자를 부르는 장소는 기존의 성스러운 곳이 아니라 제자들이 처한 곳이다.

이런 베드로에게 예수가 한 말은 어떤 설명이 아니었다. 그것은 "나를 따르라"는 단순한 명령이었다. 이때 베드로의 행동은 "곧 그물을 버려두고 따르니라"(1:17)이다. 여기서 중요한 단어는 '곧'(euthus)이라는 부사이다. 이 말은 베드로의 따름이 지체 없이 일어났다는 것을 뜻한다. 베드로가 예수를 따라 나선 것은 어떤 신학적 숙고나 미래적 비전이나 확고한 신앙에 의해서가 아니라 말씀에 대한 복종, 그것도 단순한 복종에서 시작되었다. 복종도 숙고를 통한 복잡한 과정을 거친 복종이 아니라 단순한 복종이 그가 예수의 제자가 되는 첫걸음이었다. 그 결과 그는 자신의 삶의 근거인 그물을 버려두고 예수를 따라 나섰다.

이처럼 제자직의 시작을 단순한 복종으로 표현한 것은 예수가 제자들의 모범이라는 마가복음의 의도와 연관된 것이다. 예수의 십자가를 지심은 하나님의 뜻에 대한 단순한 복종의 표이다. 예수는 십자가 앞에서 많은 갈등을 하였지만, 결론은 "나의 원대로 마시옵고 아버지의 원대로 하옵소서"(14:36)였다. 아버지의 뜻에 대한 복종이 예수의 십자가로 나타난 것이다. 바울은 이것을 "자기를 낮추시고 죽기까지 복종하셨으니 곧 십자가의 죽으심이라"(빌 2:8)고 말하고 있다. 이와 같이 예수의 가장 중요한 사건인 십자가는 하나님의 뜻에 대한 복종의 표시였다. 따라서 마가복음은 예수를 따르는 베드로의 제자로서의 첫걸음도 '단순한 복종'으로 묘사하였던 것이다.

이 점에서 본훼퍼(D. Bonhoeffer)가 말한 "순종이 없는 그리스도교는 언제나 예수 그리스도 없는 그리스도교라고 하겠다"[56]라는 정의는 매우 타당하다고 할 수 있다.

2) 제자직의 실패(8:27-33): 자기 확신적 믿음

베드로는 예수의 모습대로 단순한 복종으로 제자직을 시작하였다. 그리고 삼 년이 흘렀다. 그동안 그는 예수를 통하여 수많은 기적을 보았고 말씀도 들었다. 그러면서 생겨난 것이 믿음이다. 그러나 그 믿음은 스승인 예수가 원하는 믿음이라기보다는 자신이 원하는 자기 확신적 믿음이 되었던 것이다. 그 예가 가이사랴 빌립보 사건에서 나타나고 있다.

네 복음서 가운데 제자직에 관하여 가장 부정적으로 보는 복음서가 마가복음이라고 결론짓게 하는 중요한 이유는 본문의 말씀 때문이다. 마가복음은 이 신앙고백 사건에서 그 어느 복음서보다 베드로를 부정적으로 평가하고 있다.

상식 속에 허구가 많이 있듯이 우리에게 너무나 잘 알려진 말씀에 대한 일반적인 견해가 성서의 내용과 거리가 먼 경우를 종종 발견하게 된다. 본문도 그러한 예들 중 하나일 것이다. 예수의 공생애 속에서 나타난 가장 대표적인 신앙고백은 가이사랴 빌립보에서 한 베드로의 신앙고백이다. "당신은 그리스도이다"(8:29)라는 신앙고백은 모든 신앙인의 기본이며 교회의 기초가 되었다. 그러나 이 고백은 동전의 양면과 같은 성격을 지닌다. 한 면으로 보면 정답이지만

56) 본훼퍼, 《나를 따르라》(서울: 대한기독교서회, 2001), 41.

또 다른 면으로 보면 오답일 수가 있기 때문이다.

마가복음에서 본문의 위치는 매우 중요하다. 왜냐하면 본문의 사건을 중심하여 마가복음이 크게 둘로 나누어지기 때문이다. 1장에서 시작하여 베드로의 신앙고백 이전까지는 예수의 선교대상은 세상 사람들(일반 유대인이나 이방인)이 중심이었다. 그러나 본 사건 이후로는 예수의 선교 대상이 예수를 따르는 무리들, 특히 제자들에 대한 교육으로 전환되고 있다. 이러한 목적과 대상의 변화는 예수의 사역방법에 대한 변화를 초래하였다. 세상 사람들을 대상으로 할 때에는 예수는 많은 기적행위를 통하여 하나님의 나라를 선포하였지만, 제자들의 정체성을 확립시키는 후반부에서는 기적 대신 예수 자신의 본질을 보여주는 데 주력하고 있다. 그 내용은 다름 아닌 예수의 고난과 십자가의 죽음이다.

이렇게 볼 때 본문의 사건은 전반부의 사역을 정리하고 후반부의 사역을 시작하기 위한 전환점의 역할을 해주고 있다. 본문은 기적을 통하여 예수를 만났던 세상 사람들의 잘못된 기독론이 무엇인지를 정리하는 동시에 후반부에서 말하려는 예수의 진정한 모습이 무엇인지를 제자들에게 보이고 있는 것이다.

본문은 아래와 같이 네 단락으로 구분할 수 있다. 첫째, “사람들이 나를 누구라고 하느냐?”(8:27-28)는 예수의 질문이다. 이것은 대중들이 이해하는 예수가 무엇인지를 묻는 질문이다. 가이사랴 빌립보는 유대 땅과 이방 땅의 경계에 있는 지역이다. 예수가 이 경계지역에서 이런 질문을 하였다는 것은 그가 이제 자신의 진면목을 보여야 할 때가 다가왔음을 상징적으로 보여주는 것이다. 예수는 갈릴리 선교를 마치고 예루살렘으로 향하려 하고 있다. 이 마지막 길을 가기 전에 예수는 3년간의 공생애를 정리할 필요가 있었다. 그것은 예수 자신뿐 아니라 예수를 따르는 제자들에게 더욱 중요한 것이었다. 예수가 예루살렘으로 올라가면 상상할 수 없는 고난이 닥칠 것이며, 그것은 제자들에게도 큰 고난이 될 것이다. 이것을 극복하기 위해서는 예수에 대한 제자들의 철저한 고백이 필요하였던 것이다.

일반적으로 정체성을 묻는 질문은 '너-나'(You-I)의 형식이다. 즉, '너는 누구냐?'(창 9:5, 요 1:23)라고 물으면 '나는 누구다'로 대답하는 형식이다. 그러나 예수는 그런 일반적 형식으로 묻지 않았다. 예수는 "사람들이 나를 누구라 하느냐" 혹은 "너희는 나를 누구라 하느냐"라는 형식으로 물었다. 그 이유는 명백하다. '너-나' 형식에서는 대답하는 자가 당사자이기에 그 대답은 오직 하나밖에 있을 수 없다. 그런 대답은 단답적이거나 다분히 교리적인 대답이 된다. 그러나 예수가 제시한 질문 형식에서는 그 대답이 매우 다양하게 나타나게 된다. 왜냐하면 당사자인 예수가 묻고 청자들이 대답하기 때문이다. 물어야 할 자가 대답하기 때문에 다양한 대답이 나올 수 있는 것이다.

예수는 자기 스스로 먼저 주입식이며 교리적인 답을 해주기보다는 사람들이 예수의 삶을 통하여 나타난 예수의 본질을 바르게 보고 고백해 주기를 원했던 것이다. 왜냐하면 이런 고백만이 진정한 고백이 될 수 있기 때문이다. 그러나 예수의 예상과는 달리 사람들의 대답은 극히 피상적이었다. 그들이 이해한 예수는 전통적인 가르침이나 당시의 상식에 따르는, 자신들이 원하는 그런 예언자 중 하나였다. 무리들은 예수의 말씀과 기적을 듣고 보았음에도 불구하고 그들의 대답은 예수를 세례요한, 엘리야, 예언자 가운데 한 분으로 인식한 것이다. 즉, 이들은 예수를 위대한 예언자 반열에 따른 한 예언자로 보았던 것이다. 이들에게 예수는 기껏해야 메시아가 오기 전 그 메시아를 준비하는 한 분일 뿐이다. 그것은 본문 앞에 나오는 벳새다의 소경(8:22-26)보다 못한 영적인 소경의 견해에 지나지 않는다.

둘째, "너희는 나를 누구라 하느냐?"(8:29-30)는 예수의 질문이다. 그것은 제자들에 대한 질문이다. 이 질문에 대하여 베드로가 대답한 것은 그가 제자들을 대표하기 때문이다. 그러므로 베드로의 대답은 개인의 대답이 아니라 예수를 따르는 모든 사람의 대답이기도 하다. 그는 즉시 "당신은 그리스도이다"라고 대답하였다. 그러나 마가복음에서는 이런 베드로의 대답에, 마태복음과 달리(마 16:17-19), 예수는 어떤 칭찬도 하지 않았고 오히려 이런 베드로의 고백을 책망하고 있다. 8장 30절을 개역성서에서는 "이에 자기의 일을 아무에게도 말하지 말라 경계하시고"로 번역하였으며, 새 번역에서는 "엄하게 분부하셨습니다"로 번역하고 있다. 그러나 33절에서 예수가 베드로를 사탄으로 책망할 때 사용한 '꾸짖다'는 말과 30절에 나오는 '경계하다', '엄하게 분부하다'는 말은 희랍어로는 같은 말이다 (30절-epetimēsen, 32절-epitiman, 33절-epetimmēsen).

그렇다면 베드로의 고백에 대하여 예수는 그의 신앙고백이 형식적으로는 옳은 것 같아 보이지만 본질적으로는 잘못된 고백으로 판단하고 책망한 것이다. 여기서 베드로의 신앙고백은 예수가 '왕적 메시아'라는 것이다. 베드로는 예수가 메시아의 왕적 능력으로 이스라엘을 정치, 종교, 세속적인 속박에서 해방시키는 정치적 메시아로 고백한 것이다. 그것은 예수를 역사적, 민족적으로 대망해 온 전통적인 메시야로 고백했다는 것을 의미한다. 그러나 이런 베드로의 고백은 예수가 가야할 하나님의 길과는 전혀 다른 고백이었다. 그것을 예수는 꾸짖었다.

셋째, "나는 인자(人子)이다"(8:31)라는 예수의 선언이다. 예수는 '꾸짖음'으로 베드로의 잘못된 신앙고백을 깨닫게 한 후 비로소 자신의 참모습이 무엇인지를 대답해 주고 있다. 그는 오해할 여지가 있는 '그리스도', 즉 '메시아'라는 명칭 대신에 '인자'라는 새로운 칭호를 사용하였다. 인자는 전통적인 그리스도 개념과는 상치되는 개념이다. 예수가 말하는 인자는 '반드시'(dei) 고난 받고, 죽고, 부활해야 한다. 여기서 '반드시'는 구원을 위한 하나님의 섭리의 필연성을 강조하는 말이다.[57] 예수가 가야할 인자의 길은 반드시 세 가지가 있어야 한다는 것이다. 그것은 고난과 죽음과 부활이다. 이 셋 중 어느 하나라도 없다면 예수는 구원의 사역을 완성시킬 수 없는 것이다. 그러므로 예수의 구원은 이 세 가지 요소를 통해서만 완성되는 것이다.

이것은 전통적인 메시아사상과는 상충된다. 이스라엘 백성들이나 제자들이 기다리던 메시아는 다윗과 같은 정치적인 왕적 메시아이다. 이런 메시아는 무한한 능력을 소유한 자로써 무력이라는 힘으로 이스라엘 민족을 해방시키는 자이다. 베드로는 예수가 이런 메시아이기를 기대하였으며, 그렇게 되어야 한다고 요구하였다. 그러나 예수는 전혀 다른 메시아 상을 보여 주고 있다. 그것이 인자이다. 인자인 예수는 물론 신적 권위와 능력을 지니고 있지만(2:10, 28, 6:30-52) 그의 구원의 길은 고난과 죽음을 통하여 부활하는 데 있다. 이것은 백성들이나 제자들에게 궁극적인 관점의 전환을 요구하는 것이다. 예수는 대중들이 원하는 능력의 예언자나, 제자들이 이해하는 정치적인 왕적 메시아에서 벗어나 '고난 받은 종'인 '인자'로 자신을 드러내셨다. 예수가 말하는 '하나님의 나라'는 정치적 투쟁으로 얻어지는 메시아 왕국도 아니며 그렇다고 무기력하게 주저앉아 하늘에서 떨어질 새 시대의 표증만을 기다리는 종말론적 왕국도 아니라는 것이다. 예수가 말하는 하나님의 나라는 냉혹한 현실 속에서 타자를 위하여 '고난 받아 죽는' 창조적인 산고를 통하여 얻어지는 나라인 것이다.

넷째, 예수는 인자의 길로 제자들을 초대하고 있다(8:32-33). 인자라는 예수의 참모습을 설명한 후 예수는 더 이상 자신을 숨기지 않으셨다. 공공연하게 가르치기 시작한 것이다. 예수는 인자적 삶이

57) Beker, op. cit., 93.

얼마나 많은 충격을 주는 것이며, 그것으로 인하여 오해와 고난이 얼마나 많을 것인지를 이미 알고 있었지만 그것을 정면 돌파하기로 결심한 것이다. 그리고 자신을 따르는 제자들에게도 이 길로 과감히 동참할 것을 요구하였다.

이에 놀란 베드로가 예수를 조용히 불러 꾸짖었다. 이 '꾸짖다'는 말 속에서 베드로가 예수에게 도전한 공격이 피상적인 공격이 아니라 본질적인 공격임을 알 수 있다. 그것은 베드로가 이해한 예수("당신은 그리스도이다"라는 고백)와 예수가 밝히는 인자와는 본질적으로 달랐기 때문이다. 그렇다면 예수에 대한 베드로의 꾸짖음에는 이런 의미가 있었던 것이다. "예수여, 당신은 그럴 수 없습니다. 당신이 인자적 삶을 산다면 이제까지 따랐던 우리는 무엇이 됩니까? 당신은 '반드시' 우리가 원하는 그리스도적 삶을 살아야 합니다." 예수는 이런 베드로의 생각을 단순히 수정되어야 할 부분으로 여기지 않고 본질적으로 잘못된 것으로 책망하였다. 왜냐하면 베드로가 말한 "당신은 그리스도이다"라는 고백에는 인자적 고난과 죽음이 거부되고 있기 때문이다. 예수는 그것을 사탄의 행위로 규정하였다(8:33). 그 이유는 베드로가 원하는 왕적 메시아는 하나님이 예수를 통하여 이룩하고자 하는 메시아의 길이 아니기 때문이다. 그러므로 예수에게 이런 전통적 메시아가 되기를 요구하는 것은 "하나님의 일을 생각하지 않고 도리어 사람의 일만 생각하는 것"(8:33)이 되는 것이다.

예수는 제자들에게 '그리스도'(메시아)에서 '인자'라는 전혀 새로운 제자의 길을 요구하고 있다. 예수가 갔던 인자적 길(8:34-37)을 따르지 않는다면 그 사람은 예수의 제자가 될 수 없는 것이다. 이런 연유로 제자들은 이 길을 따르는 데 실패하고 있다.

지금까지의 논의에 따르면 8장 27-33절에서 말하려는 제자직을 다음과 같이 정리할 수 있을 것이다.

첫째, 제자의 길의 첫 번째 조건은 예수에 대한 자기의 고백이다. 자기 고백 없이는 제자의 험난한 길을 따를 수 없기 때문이다. 이 때문에 예수는 제자들에게 자신이 누구인지 말하기 전에 제자들이 예수를 어떻게 고백하고 있는지를 물었던 것이다. "너희는 나를 누구라 하느냐"는 예수의 질문은 그것이 비록 진정한 대답이 아닐지라도 자기 고백적 대답이 무엇보다 필요하다는 것을 말하는 것이다. 그것은 설령 예수의 질문에 잘못 대답하더라도 고백하는 자에게는 수정할 수 있는 기회가 주어지기 때문이다.

둘째, 이런 자기 고백에는 큰 함정이 있을 수 있다는 것이다. 그것은 자신의 생각, 꿈, 이익을 성취하려는 시각으로 예수를 고백할 수 있기 때문이다. 베드로는 예수를 통하여 민족적 해방을 꿈꾸었기에 예수를 '그리스도'로 고백했으며, 사람들은 예수를 통하여 보다 안정된 삶이나 건강을 기대했기에 예수를 '능력의 예언자'로 고백하게 되었다. 인간의 상황이 중심이 되어 그것을 충족시키는 방향으로 예수를 고백할 때, 그 고백은 비록 외형적으로나 언어적으로는 정확한 고백이 될 수 있을지 모르나 본질적으로는 자기의 욕망을 충족시키는 고백이기에 사탄적인 대답이 된다.

셋째, 그러므로 예수가 원하는 고백을 하여야 한다. 예수가 가신 그 길로 우리 자신을 바라보아야 한다. 그때 비로소 예수와 같이 제자들도 반드시 고난 받고, 죽임 당함으로 부활하는 인자의 길을 걸을 수 있게 되는 것이다.

자기 확신적 믿음은 큰 화를 가져오게 된다. 예수는 이런 고백을 하는 베드로를 '사탄'이라고 규정하였다. 왜냐하면 자기 확신적 믿음은 "하나님의 일을 생각하지 아니하고 사람의 일을 생각하는 것"(8:33)이기 때문이다. 예수도 이런 유혹을 여러 번 받았다. 공생애 초기에 자신의 선교가 성공적으로 나타났을 때 자신을 보낸 하나님보다 사람들의 열광에 따르고자 하는 유혹이 있었다(1:29-34). 그때 예수는 모든 사역을 끊고 홀로 새벽에 한적한 곳으로 가서 기도하였다. 어느 것이 하나님의 뜻인지를 물었던 것이다. 기도의 결과 예수는 모든 사람들과 제자들의 요구를 뿌리치고 다른 마을로 떠나 선교를 시작하였다. 마가복음은 이것을 "우리가 다른 가까운 마을들로 가자. 거기서도 전도하리니 내가 이를 위하여 왔노라"(1:38)고 설명하고 있다.

또 다른 예는 겟세마네 동산에서 기도하는 중에 일어났다. 십자가를 앞두고 예수는 자신의 뜻에 대한 유혹이 있었다. 구태여 하나님의 아들인 자신이 십자가라는 가장 비참한 처형을 당하지 않아도 하나님의 뜻이 이룰 수 있지 않을까 생각한 것이다. 그래서 가능하면 십자가의 길을 피하고 싶었다. 마가복음은 이것을 "될 수 있는 대로 이때가 자기에게서 지나가기를 구했다"(14:35)라고 지적해 주고 있다. 그러나 이런 유혹은 '예수의 원'이었으며, 기도의 결과는 자신의 원대로가 아니라 아버지의 원대로 따르기로 결정하였다.

8장 27-33절에 따르면 예수의 제자들에 대한 위든(Theodore J. Weeden)의 기독론적 해석이 매우 타당성이 있는 것으로 보인다.[58] 베드로의 신앙고백이 '신적인간 기독론'과 유사하고 '인자적 기독론'을 제자들이 따르지 못하고 오해하고 있기 때문이다. 그러나 마가복음의 제자직을 온전히 이해하기 위해서는 부분적인 본문에 대한 평가만으로는 아직 부족하다.

3) 제자직의 회복(14:66-72): 말씀에 대한 기억

앞에서 언급했듯이 베드로는 십자가 밑에서 예수를 부인하는 결정적인 실수를 저질렀다. 그것은 제자직의 완전한 상실을 의미할 수

58) "2. 제자직에 대한 최근의 해석들" 참조.

있었다. 그럼에도 불구하고 마가복음은 스승을 부인한 베드로에게 새로운 제자로 회복되는 희망을 보여주고 있다.

예수를 부인할 것이라는 주님의 예언에 대하여 "베드로가 힘 있게 말하되 내가 주와 함께 죽을지언정 주를 부인하지 않겠나이다"(14:31a)라고 맹세하였으며, 이 말에 따라 "모든 제자들도 이와 같이 말하였다"(14:31b). 그러나 베드로의 자기 확신적 맹세에도 불구하고 그는 주님의 예언대로 예수를 세 번이나 부인했으며, 그것도 단순한 부인이 아니라 "저주하며 맹세하되 나는 너희가 말하는 이 사람을 알지 못하노라"(14:71)고 부인하였다. 또한 베드로의 맹세에 동의했던 제자들도 다 도망하였다. 이 이야기의 목적은 제자들의 삶의 주인이 그들 자신이 아니라 하나님이심을 교육하고자 하는 데 있다. 다시 말하면 제자들은 자신들의 확신에 의지하지 말고 오히려 끊임없이 자신을 비판하여 바울의 말처럼 "항상 복종하여 두렵고 떨림으로"(빌 2:12) 제자직을 감당해야 한다는 것이다.

이처럼 자기 확신에도 불구하고 스승에 대한 배신과 부인으로 실패한 제자들이지만 마가복음은 이들을 완전히 저버리지 않는다. 14장 72절에서 예수를 부인한 베드로에게 회복의 가능성을 보여주고 있기 때문이다. 저주하며 맹세하며 예수를 모른다고 부인한 베드로에게 닭 우는 소리가 들렸다. 그 소리는 이전에 들었던 스승 예수의 예언 말씀을 기억나게 하였다. 여기서 중요한 단어는 '기억하다'(anamimnēskō)이다. 이 말은 단순히 인간의 뇌 작용을 의미하는 것이 아니다. 요한복음에서 나오는 보혜사 성령의 여러 기능 가운데 중요한 기능 중 하나는 예수의 말씀을 기억하게 하는 것이다. 요한복음은 그것을 "보혜사 곧 하나님께서 내 이름으로 보내실 성령 그가 너희에게 모든 것을 가르치고 내가 너희에게 말한 모든 것을 생각나게 하리라"(요14:26)고 말한다. 보혜사 성령은 가장 필요할 때 인간에게 예수의 말씀을 '기억나게 하는 것'(upomimnēskō)으로 인간의 존재를 완전히 새롭게 변화시킨다. 베드로도 예수의 말씀을 기억함으로 변화되었으며 그 증거가 '울었다'(14:72c)는 말로 표현되고 있다. 그것은 "수치와 후회의 울음이다."[59] 결국 베드로는 예수를 세 번이나 부인하였지만 성령의 도우심, 즉 예수의 말씀을 기억함으로 새로운 제자가 될 수 있었던 것이다.

이것은 같은 비중의 죄를 범한 가룟 유다와 비교된다. 유다도 베드로처럼 스승 예수를 당국자들에게 팔았다. 그러나 유다의 예상과 달리 예수는 비참하게 십자가에 처형되었다. 유다는 심한 죄책감에 빠지게 되었다. 마가복음은 유다의 배반 이후의 사실에 대하여 아무런 설명을 하고 있지 않지만 마태복음에서는 자세히 설명하고 있다(마 27:3-10). 여기에는 베드로 사건처럼 예수의 말씀에 대한 기억도 없고, 울었다는 기록도 없다. 가룟 유다가 한 행동은 자신의 잘못을 자기 스스로 책임을 지고 있을 뿐이다. 마태복음은 그것을 '스스로'라는 말로 표현하고 있다. "그때에 예수를 판 유다가 그의 정죄됨을 보고 <u>스스로</u> 뉘우쳐(metamelomai) 그 은 삼십을 대제사장들과 장로들에게 도로 갖다 주며"(27:3), 또한 "유다는 은을 성소에 던져 넣고 물러가서 <u>스스로</u> 목매어(apagchõ) 죽은지라"(마 27:5)라고 기록하고 있다. 이 두 단어 모두 재귀 동사적 의미를 지닌다. 그렇다면 스승 예수에 대한 배반자인 가룟 유다와 부인자인 베드로의 근본적 차이는 전자는 자기 스스로 자신의 행동에 대하여 책임을 지려했다면, 후자는 성령의 역사하심에 자신을 맡기고 있다는 것이다. 언뜻 보면 가룟 유다의 행위는 책임적이며 능동적인 영웅적 행위로 보이고 베드로의 행위는 수동적이며 책임지지 않는 행위처럼 보인다. 그러나 제자직은 자기 확신의 길이 아니듯, 영웅적인 자기의 길도 아니다. 제자직은 자기반성의 길이며, 그분의 뜻에 따르는 길이다.

---

59) J. 그닐카, 《마르코 복음 II》(서울: 한국신학연구소, 1986), 387.

같은 비중의 범죄를 저질렀지만 자기 스스로 자신의 행위에 대하여 책임을 지는 가룟 유다는 자살하였고, 말씀을 기억하여 회개한 베드로는 수제자가 되었다.

베드로의 이야기를 종합해 보면 그는 소명에 대한 긍정적 반응으로 제자직을 시작하였지만, 가이사랴 빌립보에서 자기 확신적 신앙고백 때문에 사탄이라는 칭호를 받았다. 그 결과 예수를 부인하는 막다른 골목까지 내려갔지만 예수의 말씀을 기억함으로 그 위험에서 탈출할 수 있었다.

단순한 복종으로 제자직을 시작한 베드로의 예는 긍정적인 방법으로 교육하기 위함이고, 자기 확신적 믿음으로 넘어진 베드로의 예는 부정적인 방법으로 교육하기 위한 마가복음의 의도였다. 결과적으로 베드로는 참된 제자로 다시 탄생하게 되었다.

6. 십자가 밑에서 나타난 제자직(14:43-16:8)

마가복음의 신학을 십자가 신학이라고 볼 때 그 십자가 사건은 14장 43절-16장 8절에 나오고 있다. 따라서 이 부분은 마가복음의 핵심인 동시에 제자직에 대한 마가복음의 견해를 정리하고 있다고 볼 수 있다.

이 부분에 대한 논의에 있어서 먼저 지적하여야 할 문제는 16장 9-20절에 나타난 예수의 부활과 승천에 대한 기록은 원래 마가복음에 속한 것이 아니라 후대에 다른 복음서를 참조하여 첨가시켰다는 의견이다.[60] 그렇다면 원래의 마가복음은 16장 8절로 끝나는 것이 된다. 문제는 마가복음이 과연 16장 8절로 끝난 것인지 아니면 예수의 '부활 승천 이야기'가 있었는데 그 부분이 일찍이 분실된 채로 전하여진 것인지에 대한 의문이다. 이것은 8절 끝 부분이 완전한 문장으로 끝나지 않고 '왜냐하면'(gar)이라는 접속사로 끝나고 있기 때문이다. 따라서 8절이 마가복음의 원래 본문의 끝 구절이 될 수 없다는 주장이 대두되는데 그 이유는 두 가지로 본다. 하나는 문장이 접속사로 끝날 수 없다는 것이고, 다른 하나는 14장 28절, 16장 7절에서 예수께서 갈릴리 현시를 약속하였는데 그 약속의 성취가 나타나지 않는다는 것이다.[61]

그럼에도 불구하고 대부분의 학자들은 16장 8절이 마가의 의도적인 종결로 보고 있는데 그것은 문헌학적 측면에서 문장이나 책이

---

60) W. G. Kümmel, *Introduction to the New Testament* (London: SCM Press, 1979), 98에 보면 큄멜은 4가지로 그 이유를 설명하고 있다. a. 가장 권위 있는 사본인 01, B, 304, K, Sy, Clement, Origen 등에 이 부분이 없다. b. 마태복음과 누가복음이 막 16:8까지만 이용하고 있다. c. 16:9 이하는 누가복음에 결정적으로 의존하고 있다. d. 내용적으로 보아 9절은 5-6절과 상반된다.

61) W. Marxsen, *Mark the Evangelist: Studies on the Redaction History of the Gospel* (Nashville: Abingdon Press, 1969), 100.

접속사(gar)로 끝날 수 있다는 것이 증명되었기 때문이다.[62] 이 점에서 16장 8절의 갑작스런 끝남은 마가복음의 수사학적인 의도라고 보는 것이 더 타당할 것이다. 그렇다면 마가복음에는 예수의 부활 이후 이야기가 처음부터 없었다고 보는 것이 옳을 것이다. 그 이유를 여러 측면에서 설명할 수 있지만,[63] 분명한 것은 마가복음 저자가 의도적으로 생략하였다는 것이다. 그 의도 중 하나는 앞에서 지적한 대로 부활 이야기를 제외시킴으로 예수의 십자가 사건에 모든 초점을 두려고 한 것이다. 마가복음은 십자가를 통한 부활을 말하기보다는 십자가 자체를 궁극이라고 말하고자 하였다.

예수의 십자가 밑에는 세 종류의 사람들이 있었다. 첫째는 예수의 적대자들인데 이들은 예수의 십자가 처형을 허락한 총독 빌라도, 예수를 죽이려고 역모한 대제사장과 장로들과 서기관들, 예수 대신 바라바의 석방을 요구하는 무리들, 그리고 예수를 조롱하고 처형한 군인들이다(15:1-20).

둘째는 예수를 배반하는 자들로 이들은 예수의 제자들이었다. 이들 중 가룟 유다는 돈을 받고 예수를 대제사장에게 넘겼으며(14:10-11), 다른 제자들은 대제사장들과 서기관들과 장로들이 파송한 무리들이 검과 몽치를 가지고 예수를 잡으러 왔을 때 "다 예수를 버리고 도망하였다"(14:50). 그리고 제자들을 대표하는 베드로의 스승에 대한 부인이다(14:66-72).

베드로의 부인은 예수의 예언(14:27-31)에 따른 것이다. 이것 또한 교육적인 측면에서 설명되어야 할 것이다. 예수는 제자들의 미래를 다 파악하고 있으며, 그들의 미래는 제자들 자신의 어떤 확신으로도 결정되는 것이 아니다. 제자들이 자신을 버릴 것이라는 예수의

62) Carl H. Kreeling, "A Philological Note on Mark 16:8," *JBL* 44 (1925), 357-358; M. S. Euslin, "Ephobouto gar, MK16:8," *JBL* 46(1927), 62-68.

63) 여기에 대한 설명으로는 "3. 제자들의 모범인 예수" 참조.

예언에 대하여 "다 버릴지라도 나는 그리하지 않겠나이다"(14:29)라는 자기 확신에 의지했던 베드로는 버림보다 한 걸음 더 나아간 부인을 하게 되었다(14:66–72).

셋째는 예수를 끝까지 따르는 자들이다. 먼저 예수의 죽음을 보고 "참으로 이 사람은 하나님의 아들이었다"라고 고백한 이방인 백부장이다(15:39). 이 사람은 1장 1절에 나오는 "복음은 예수 그리스도가 하나님의 아들"임을 가장 정확하게 고백한 사람이다. 마가복음은 예수를 바르게 고백한 사람이 예수의 제자들이나 그동안 예수를 따르던 무리들이 아니라 이방인이며 그것도 예수를 십자가에 처형하는 책임자인 백부장이라고 말한다. 그는 로마 사람이었으며, 예수를 처형한 장본인이었다. 그럼에도 불구하고 그가 예수를 하나님의 아들로 깨닫고 증언할 수 있었던 것은 이 백부장이 예수의 십자가에 가장 가까이 있었기 때문이다. 그것은 예수가 누구인지는 십자가를 통해서만 알 수 있다는 마가복음의 신학에 따른 결론이다.[64] 또한 그가 이방인이었다는 것은 마가복음의 독자들이 이방인이었다는 점과 무관하지 않다. 예수에 대한 최초의 증언자는 십자가에 가장 가까이 있었던 이방인이었다.

또 다른 사람은 자신의 무덤을 내어 준 아리마대 요셉이다(15:43–46). 그는 존경 받는 공회원이었다. 그가 공회원이라는 것은 산헤드린 또는 지방의 지역 재판관의 구성원이라는 의미이다.[65] 그러나 백부장이나 요셉은 일회적 사건으로만 나오는 인물이다. 이 점에서 그들의 행위가 아무리 위대하다 하여도 예수의 제자들이라고 말할 수는 없다.

그러나 여인들의 경우는 다르다. 그들은 예수의 공생애 초기부터 마지막까지 오랫동안 예수를 따랐던 무리들이다. 이 점에서 여인들

64) 그닐카, op. cit., 430.

65) Ibid., 440.

은 또 다른 제자직의 모습을 보여주고 있다.

본문에 나오는 여인들은 세 가지 특징을 지니고 있다.[66] 이들은 예수의 삶에서 가장 결정적인 사건에 대한 '증인' (theōrousai, 40절)이며, 예수를 '섬기는 자' (diēkonoun, 41절)이며, 예수를 '따르는 자' (ēkorouthoun, 41절)이다. 이런 특징들은 초대교회에 의하면 예수의 제자 혹은 사도가 될 수 있는 가장 권위 있는 조건들이다. 이 세 가지 조건을 다 지닌 부류는 마가복음에 의하면 여인들 외에는 아무도 없다. 14장 50절에 의하면 예수의 제자들은 예수의 체포현장에서 모두 도망하였다. 여인들만이 예수의 십자가를 목격하였을 뿐 아니라 그들은 이미 갈릴리에서부터 예수를 섬기며 따랐던 사람들이다.

'증인' 은 말 그대로 예수를 보고 그것을 전하는 자를 의미한다. 초대교회에 따르면 이런 증인은 예수의 세 가지 사건에 대한 목격자여야 한다. 이 세 가지 사건은 케리그마라고 일컬어지는 예수의 죽음, 묻힘 그리고 부활이다.[67] 마가복음에 따르면 이 세 가지를 다 목격한 사람은 여인들뿐이다. 그들은 예수의 죽음을 목격하였고(15:41), 그의 묻힘(15:47)과 부활, 즉 빈 무덤도 목격하였다(16:1-8). 그렇다면 여인들은 예수를 증언할 수 있는 모든 조건을 갖춘 사람들이다.

'섬기는 자' 라는 말은 단순히 예수를 따르는 자가 아니라 예수의 제자단에 속해 있었다는 것을 의미한다. 쇼트로프(L. Schottroff)는 여기서 나타나는 '섬김' 은 음식을 대접하는 '봉사' (diakonia)가 아님을 강조하였다.[68] 만약 그것이 식사봉사였다면 예수가 여행할 때

66) Ben Witterington III, *Women in the Ministry of Jesus* (Cambridge: Cambridge Univ. Press, 1984), 122.

67) 각주 11 참조.

68) Luise Schottorft, "Women as Followers of Jesus in New Testament Times: An

식사로 봉사 받은 사람이 예수 한 사람이 아니었기에 단수 목적격(aủtō)을 동반한 섬김[69]으로 표현될 수 없기 때문이다. 여기서 섬김은 예수 한 분에 대한 섬김이다. 그러므로 '그리스도를 섬기는 일'(diakonia Christou)은 음식 대접과 같은 단순한 봉사를 넘어 예수가 메시아라는 사실을 선포하고 하나님 나라가 임박함을 선포하는 제자직의 수행을 의미하는 것이다.[70]

'따르다' 라는 말도 최초의 제자들이 예수를 따랐을 때 사용한 단어이며(1:18, 2:14), 소경 바디매오의 사건에도 나타나고 있다(10:52). 이 동사는 제자직을 기술할 때만 사용한 마가복음의 전문 용어임을 생각할 때 여인들은 단순히 예수를 따르면서 그에게 봉사한 사람들이 아니라 제자들임을 알 수 있다.[71]

특히 세 여인의 이름을 밝힌 것도 특이하다.[72] 이전에도 여인들의 섬김과 따름을 언급하고 있지만[73] 이들은 구체적인 이름을 지닌 자들로 나타나지 않았다. 그러나 본문에서는 분명히 그 이름들이 언급됨과 동시에 세 명으로 국한시키고 있으며 이름이 없는 그 외의 많은 여인들이 있었다고 덧붙이고 있다. 이것은 예수의 제자들을 구분하여 설명한 것에 대응시킨 마가복음의 의도로 보인다.

예수의 12제자를 구분해 보면, 세 명의 수제자인 베드로와 야고보, 요한(3:16–17, 5:37, 9:2, 13:3, 14:33)과 나머지 아홉 제자들로

Exercise in Social-Historical Exegesis of the Bible," ed. N K. Gottwald, *The Bible and Liberation: Political and Social Hermeneutics* (New York: Orbis Books, 1983), 418–427.

69) 희랍어 성서에서는 그것을 kai diē konoun aủtō로 표현하고 있다.

70) Luise Schotlroff, op. cit., 418.

71) 서중석, op. cit., 540.

72) 막 15:40에 세 여인의 이름은 막달라 마리아, 젊은 야고보와 요세의 어머니 마라아, 살로메이다.

73) 막 1:31에 베드로의 장모, 7:24–30에 스로보니게 여인, 12:43–44에 과부 등을 참조하라.

구성되어 있다(3:13–19). 그렇다면 본문은 세 명의 수제자에 대응하여 세 명의 여인들을 소개하고 있는 것이다. 그들이 막달라 마리아, 젊은 야고보와 요세의 어머니 마리아, 살로메이다. 그리고 나머지 아홉 제자는 "그 밖에도 예수와 함께 예루살렘에 올라 온 많은 여인들"(41절)로 대치되고 있다.

그렇다면 마가복음은 여기서 실패한 제자들의 대안적 제자들로 여인들을 소개하고 있는 것일까.[74] 그 대답은 간단하지 않다. 여인들이 제자들을 대치한다면 제자들은 영원히 실패한 자들이 되기 때문이다. 그러나 우리가 앞에서 살펴본 대로 제자들을 대표하는 베드로는 예수를 세 번이나 부인했지만 가룟 유다처럼 영원한 실패자가 된 것은 아니다. 그는 성령을 통하여 말씀을 기억하고 회심했기 때문이다. 그렇다면 십자가 밑에서 가장 긍정적인 모습을 보여 준 여인들을 등장시킨 이유는 무엇인가. 거기에 대한 대답을 하기 위하여 먼저 살펴보아야 할 점은 여인들의 삶이 과연 완전한가라는 것이다. 그들이 제자들과 달리 오류와 한계가 없었다면 여인들은 대안적 제자가 될 수 있을 것이다. 그렇다면 마가복음은 완전한 제자상을 여인들을 통하여 말하고 있다고 보아야 한다.

그 해답은 16장 1–8절에 나타나고 있다. 예수의 십자가 죽음과 묻힘에서는 긍정적이던 여인들이 빈 무덤 사건에서는 다르게 표현되고 있다. 여인들이 예수의 무덤을 찾아 온 것은 예수의 부활을 기대해서가 아니라 예수의 시신에 기름을 바르기 위함인데, 이런 행위는 예수의 부활이 아닌 그의 죽음에 초점을 두고 있는 것이다. 이것은 베다니에서 옥합을 깨고 향유를 예수의 머리에 부은 행위보다는 부정적인 것으로 평가할 수 있을 것이다. 더구나 여인들이 흰옷 입은 젊은 청년이 전한 예수의 부활 소식에 두려워 뛰어 나간 행위는

74) 이 부분은 "2. 제자직에 대한 최근의 해석" 참조.

제자들이 예수의 십자가 처형에 두려워 도망한 것과 다를 바 없다.[75] 둘 다 도망의 동기는 '두려움'(phobeisthai)인데 이 말은 믿음 없는 제자들의 상징적인 표현이기에 제자들이나 여인들이나 종국에는 불완전한 신앙의 모습으로 끝나고 있다고 볼 수 있을 것이다.[76]

중요한 것은 16장 8절을 어떻게 해석할 것 인지이다. 부활의 소식을 들은 여인들이 "놀라 정신없이 무덤에서 나와 무서워 사람들에게 아무 말도 못하였다"는 구절에 대한 해석이다. 부활의 소식을 접한 여인들에게 나타난 현상은 두려움과 침묵이다. '두려워하다'는 동사는 마가복음이 예수가 행한 이적에 대한 사람들의 반응을 표시할 때 흔히 사용하고 있다.[77] 무리들은 예수의 기적을 보고 "두려움에 사로 잡혀 무슨 말을 해야 좋을지 몰랐다"(막 9:6)라고 기록하고 있다. 그러므로 부활의 소식을 접한 여인들의 두려움도 '부정적이며 비겁한 두려움'[78]이나 '믿지 않는 데서 나온 두려움'보다는 하나님의 위대한 행위를 접했을 때 인간이 나타낼 수 있는 하나의 반응으로 볼 수 있을 것이다.

여인들의 두려움과 놀람에 대하여 마가복음은 16장 5-8절에서 집중적으로 다루는데 여기서 말하는 '두려움'은 인간의 이해력을 초월한 지고의 경험으로 인해 야기된 것으로 해석될 수 있다.[79] 그러므로 여인들의 두려움과 그 결과 나타난 침묵은 제자들과 같이 전적인 실패의 결과로 보기는 어렵다. 그것은 "지고의 신적 행동과 그 의미에 직면했을 때 나타나는 인간의 부족함, 인간의 이해 부족을 강조하려는 것"[80]으로 볼 수 있기 때문이다. 그럼에도 불구하고 빈

---

75) 막 14:50과 16:8을 비교하라.

76) T. J. Weeden, op. cit., 48, H. C. Kee, op. cit., 132, W. H. Kelber, op. cit., 36.

77) 막 4:41, 5:15, 33, 6:50, 9:6 참조.

78) J. M. Robinson, *The Problem of History in Mark* (London; SCM Press, 1968), 68ff., T. J. Weeden, op. cit., 48.

79) 김득중, op. cit., 77.

무덤에 대한 여인들의 반응을 전적으로 긍정적이라고 볼 수는 없다. 예수의 이적을 접한 무리들처럼 여인들도 불완전한 반응을 보이고 있기 때문이다.[81]

이상의 논의를 종합해 보면 초대교회에서 가장 중요한 케리그마의 내용인 예수의 죽음, 묻힘, 빈 무덤(부활)의 사건들에 직면했을 때 예수의 제자들은 부정적인 태도를 보여주었으며, 여인들은 긍정적인 태도를 보여주고 있음을 알 수 있다. 이 두 그룹은 마가복음에서 예수의 공생애 전 과정에서 나오는 대표적인 예수를 따르는 무리들이다. 제자들은 예수의 공식적인 추종자들이었으며, 여인들은 예수의 비공식적인 추종자들이었다. 물론 제자들과 여인들보다 더 긍정적인 측면에서 예수를 추종한 자들도 있지만 그들은 단 한 번의 사건을 통해서만 나타날 뿐이다. 이런 까닭에 이들에게서는 제자직에 대한 일관된 유형을 찾을 수 없다.

여인들과 제자들만이 긴 과정을 통하여 나타나기 때문에 그들의 행동을 통해 제자직에 대한 서로 다른 유형을 추론해낼 수 있다. 먼저 제자들은 긍정적인 면과 부정적인 면이 동시에 나타나는 이중성을 지니고 있다. 예수의 죽음과 묻힘, 그리고 빈 무덤에서는 제자들의 부정적인 면이 강조된다. 그럼에도 불구하고 제자들은 궁극적으로는 실패를 극복하게 된다. 반면에 여인들은 일관되게 긍정적인 면을 소개되고 있다. 예수의 마지막 사건들 앞에서도 제자들과 달리 여인들은 예수의 죽음과 묻힘 그리고 빈 무덤의 유일한 목격자로 나타난다. 이들은 제자들처럼 예수를 부인하지도, 배반하지도, 버리

80) R. H. Lightfoot, *The Gospel Massage of St. Mark* (London: Oxford Univ. Press, 1962), 92.

81) 16:8의 "여자들이 몹시 놀라 떨며 나와 무덤에서 도망하고 무서워하여 아무에게 아무 말도 하지 못하더라"는 말은 1:44의 "아무에게 아무 말도 하지 말고"라는 예수의 명령은 연상시킨다. E. S. Malbon, "Fallible Followers: Women and Men in the Gospel of Mark," *Semeia* 28 (1983), 45 참조.

고 도망하지도 않았다. 그럼에도 불구하고 여인들도 빈 무덤 앞에서 혼란에 빠지는 약한 인간이었다.[82)]

결론적으로 마가복음은 이 두 부류를 통하여 어떤 인간도 예수를 온전히 따를 수는 없다고 말하고 있다. 한 순간이나 한 사건만 보면 완전한 제자같이 보이거나 아니면 완전한 실패자같이 보일 수 있지만, 긴 삶으로 보면 수제자 베드로처럼 매우 긍정적인 면도 있는 반면에 매우 부정적인 면도 있게 되는 것이다. 여인들의 경우처럼 매우 긍정적인 면만 있는 것 같아 보이지만 그것도 온전하지는 않다. 어떤 사건에서는 무리들 모양 허둥대는 신앙의 약한 모습이기 때문이다. 결국 제자는 끊임없이 자신을 모델인 예수의 십자가 앞에서 반성하고 새롭게 결단해야 할 존재인 것이다.

82) Malbon, op. cit., 32-35. 말본은 이 논문에서 여인들을 '잘못을 저지르기 쉬운' (fallible) 예수의 추종자로 정의하고 있다.

7. 마가복음이 말하는 제자직

앞에서 살펴본 대로 마가복음의 핵심은 예수의 십자가였다. 예수가 하나님의 아들이고 그리스도이심이 드러난 장소는 예수의 기적도, 예수의 말씀도, 예수의 부활도 아닌 예수의 십자가 죽음에서였다(15:39). 이 점에서 마가복음의 제자직도 다른 어떤 것들보다 십자가 사건과 깊이 연관되어 있다. 그것은 예수의 제자직은 십자가 앞에서 시작되고, 그 십자가를 통하여 완성된다는 의미이다. 이 점에서 마가복음의 제자직은 십자가와 무관하게 존재할 수 없는 것이다.

마가복음의 제자직에 나타난 가장 큰 특징 중 하나는 다른 복음서와 달리 제자직은 발전적이지도 않고 유보할 수도 없다는 것이다. '바다와 바람을 잔잔하게 하신 예수의 사건'(4:35-41, 마 8:23-27, 눅 8:22-25)에서 두려워하고 있는 제자들에 대한 예수의 호칭이 세 복음서마다 다르게 나타나고 있다. 마태복음에 따르면 예수는 이런 제자들을 '믿음이 작은 자들'(마 8:26)이라고 말하였고, 같은 본문에 대한 누가복음의 표현은 "너희 믿음이 어디 있느냐"(눅 8:25)는 질문이었다. 마태복음의 표현은 제자들이 지금 믿음을 지니고 있기는 하지만 그것이 충만하지 않다는 의미이고, 누가복음의 표현은 제자들이 지니고 있는 믿음이 지금 어디에 있느냐는 질책이다. 이 두 표현은 모두 제자들이 이미 믿음을 가지고 있다는 것을 전제하고 있다. 그럼에도 문제는 그 믿음이 온전하지 않다는 데 있다. 그러나 아직 온전하지 않다는 것은 제자들의 믿음이 발전 가능성이 있다는 의미이다. 그렇기 때문에 이 두 복음서에 나타나는 제자들에 대한 평가는 최종적인 것이 아니라 유보적이며 한계적이다. 비록 제자들은 지금은 미숙하지만 이후에는 온전하게 된다는 의도가 깔려 있기 때문이다.

그러나 마가복음은 다르다. 두려워하고 있는 제자들에게 예수는 "너희가 어찌 믿음이 없느냐"(막 4:40)고 책망하였다. 이 표현은 믿음이 발전적 단계에 따라 성장하는 어떤 것이 아니라 지금, 여기서 있고 없음으로 나타난다는 의미이다. 마가복음에 따르면 믿음은 매 순간의 결단인 것이다. 이 점에서 믿음은 있느냐 없느냐로 지금 여기서 나타나는 것이다. 믿음이 있으면 결단하고 예수의 길인 십자가를 따라 살아야 하고, 믿음이 없으면 결단하지 못하고 두려워하거나 피하거나 도망하게 되는 것이다. 그 중간은 존재하지 않는다. 이 점에서 마가복음은 제자들의 실패를 어떤 동정도 없이 가혹하게 표현하였다. 제자들은 예수를 이해하는 데 놀라울 만큼 둔하고(8:14-21), 예수의 길과는 정반대의 길을 가고자 하였다(8:33, 9:33-34, 10:37-38). 그것은 예수의 십자가 앞에서 보다 분명하게 나타났다. 십자가 앞에서 필요한 것은 이것이냐 저것이냐지 그 중간은 아무 의미가 없는 것이다. 예수의 제자들은 십자가 앞에서 배반과 부인과 도망을 하였다. 십자가 앞이라는 마가복음의 신앙관으로 보면 신앙은 지금, 여기서의 이것이냐 저것이냐의 결정이며, 그 결과는 분명한 행동뿐이다.

이런 관점에서 보면 제자들은 실패자들이다. 마가복음은 그것을 '믿음 없는 자들'로 규정하였다. 제자들은 지금 여기서 예수를 이해하고 따르는 데 실패하였기 때문이다. 여기에 비하여 여인들은 '믿음 있는 자들'이라고 말할 수 있다. 왜냐하면 이들은 십자가 앞에서 예수의 길을 선택하고 행동하였기 때문이다. 십자가 앞에서 바른 선택을 할 수 있는 믿음은 그 어떤 다른 상황에서도 바르게 선택하고 행동할 수 있게 한다.

그렇다고 제자들이 어떤 가능성도 없는 존재들로 끝나는 것은 아니다. 마가복음에는 예수의 십자가 앞만 있는 것이 아니라 '자기 십자가를 지고'도 있기 때문이다. 제자들은 예수의 십자가 앞에서는 실패하였지만 예수는 그들에게 자기 십자가를 통하여 제자의 삶을 살 수 있는 가능성을 주었다. 마가복음에 기록된 사건으로 보면 제자들은 "자기 십자가를 지고"(8:34)가 우선이고 그 후에 '십자가 앞'(15장)에 서게 되지만 존재양식으로 보면 그 순서는 바뀌게 된다. 이 점에서 마가복음은 십자가 앞에서 실패한 제자들이 자기 십자가를 지는 것으로 제자의 길을 걷게 되리라는 예언을 여기저기에서 해 주고 있다. 그 대표적 예가 8장 34-35절이다.

> 무리와 제자들을 불러 이르시되 누구든지 나를 따라오려거든 자기를 부인하고 자기 십자가를 지고 나를 따를 것이니라. 누구든지 자기 목숨을 구원하고자 하면 잃을 것이요, 누구든지 나와 복음을 위하여 자기 목숨을 잃으면 구원하리라.

위 본문은 베드로의 신앙고백이 하나님의 뜻에 따른 고백이 아니라 인간의 뜻에 따른 고백이라고 책망한 후 예수가 하신 말씀이다. 예수는 자신의 고난, 즉 십자가 지심을 선언하였을 때(8:31) 베드로는 예수에게 항변하였다. 그 말은 베드로가 예수의 십자가를 부인한 것이다. 그것은 십자가 앞에서 일어난 베드로의 배신과 같은 의미이다(14:68-71). 이런 베드로를 예수는 사탄이라고 단죄하였다(8:33). 그럼에도 불구하고 34절에서 예수는 다시금 제자들에게 진정한 제자의 길을 제시하고 있다. 그것은 자신을 부인하고 자기 십자가를 지고 예수를 따르라는 것이다.

이처럼 베드로를 중심한 모든 제자들은 예수의 십자가 앞에서는 실패자였지만 예수의 십자가를 통하여 자기 십자가를 짐으로써 제자의 길을 갈 수 있는 자들로 마가복음은 소개하고 있다. "예수와 복음을 위하여 목숨을 잃을 수 있다면", 다시 말해서 제자의 삶을 통해 예수의 십자가를 지고 갈 수 있다면 비록 예수의 십자가 앞에서 실패하였다 하여도 궁극적으로 그들은 제자의 길을 갈 수 있는 것이다. 이 점에서 마가복음은 예수의 제자들을 실패자로 표현하면서도 그들의 제자직이 실패한 것으로 단정 짓지 않는다. 그렇다면 마가복음의 제자직은 베스트(E. Best)와 스톡(K. Stock)이 말한 바와 같이 교육적인 면이 있는 것이다.

예수는 십자가 앞에서 실패할 제자들에게 "내가 살아난 후에 너희보다 먼저 갈릴리에 가리라"(막 14:28)고 하였다. 이 말씀은 베드로의 부인을 예언하면서 하신 말씀이다. 비록 베드로가 예수의 십자가 앞에서는 믿음이 없는 자로 행동할 것이지만 그것으로 끝나지 않는다는 것이다. 부활 후 갈릴리에서 만날 베드로는 예수의 십자가를 통하여 자신의 십자가를 지고 갈 제자임을 예언한 것이다. 이 말씀은 그 후에 다시 한번 더 나오고 있다. 그만큼 중요하기 때문이다. 빈 무덤에서 당황해 하는 여인들에게 천사는 앞서 도망간 제자들에게 전하라는 당부의 말을 한다. "가서 그의 제자들과 베드로에게 이르기를 예수께서 너희보다 먼저 갈릴리로 가시나니 전에 너희에게 말씀하신 대로 너희가 거기서 뵈오리라 하라"(막 16:7)는 것이다.

그렇다면 십자가 앞에서 실패한 제자들이 십자가를 통하여 자기 십자가를 지고 가는 것으로 제자직이 완성된다는 것이 구체적으로 무엇인가. 그것은 다름 아닌 제자들의 모범인 예수의 십자가에서 찾을 수 있다. 예수의 십자가는 하나님의 뜻에 대한 절대 복종의 표였다.[83] 자신의 뜻과 하나님의 뜻 사이에서 갈등하던 예수는 마침내 하나님의 뜻을 깨닫고 그것에 복종하게 됨(14:36)으로 십자가를 지신 것이다. 그 하나님의 뜻을 여러 가지로 해석할 수 있지만 마가복음의 관점으로 볼 때 가장 분명한 하나님의 뜻은 10장 43-44절에 나오고 있다.

83) 바울도 예수의 십자가를 목숨까지 드리는 복종으로 해석하고 있다(롬 5:19, 빌 2:8).

> 너희 중에는 그렇지 않을지니 너희 중에 누구든지 크고자 하는 자는 너희를 섬기는 자가 되고 너희 중에 으뜸이 되고자 하는 자는 모든 사람의 종이 되어야 하느니라. 인자가 온 것은 섬김을 받으려 함이 아니라 도리어 섬기려 하고 자기 목숨을 많은 사람의 대속물로 주려 함이니라.

이 말 속에는 예수가 이 땅에 온 목적과 십자가를 지게 된 이유가 분명히 나타나고 있다. 이 점에서 본문을 통하여 스승의 십자가 앞에서 실패한 제자들이 자기 십자가를 지고 가야 할 제자직이 구체적으로 무엇인지를 나타내고 있다. 그것은 바로 자기를 부인하고 남을 섬기는 '종적 사역'으로, 이것은 앞에서 지적한 '인자 기독론'에 기초한 것이다. 킹스베리(J. D. Kingsbury)는 예수가 무리들과 제자들에게 "누구든지 나를 따라오려거든 자기를 부인하고 자기 십자가를 지고 나를 따를 것이다"(8:34)는 말의 의미를 다음과 같이 정의하고 있다. "따라서 예수 사역의 본질이 종적 사역이듯이 제자직의 본질도 종적 사역이다"(Accordingly, just as the essence of Jesus ministry is servanthood, so the essence of discipleship is servanthood).[84] 윌킨즈(M. J. Wilkins)는 이것을 보다 구체화하여 마가복음의 제자들을 "구속적 종을 따르는 종들"(the servants of the redemptive Servant)이라고 말하였다.[85] 예수의 십자가는 죽기까지 인간을 섬긴 구속적 사건이기에 예수는 구속적 종(the redemptive Servant)이고, 그 십자가를 따르는 제자들은 예수처럼 모두를 섬기고 마침내 목숨까지 드리는 구속적 종인 예수의 종들(the servants of the redemptive Servant)인 것이다. 그것이 마가복음이 말하는

84) J. D. Kingsbury, *Conflict in Mark* (Minneapolis: Fortress Press, 1989), 104.

85) M. J. Wilkins, "Discipleship," *Dictionary of Jesus and the Gospels,* ed., J. B. Green and S. Mcknight (Dowers Grove: InterVarsity Press, 1992), 183.

'자기 십자가' 이며 또한 '제자직' 이다.

마가복음이 도망친 제자들이나 두려움에 쌓인 여인들의 결말에 대하여 언급하지 않은 것은 이들의 삶이 실패한 제자들의 삶이기 때문이 아니라 아직 끝나지 않은, 독자들과 함께 앞으로 계속 완성해 나가야 할 결말이기 때문이다. 마가복음은 비록 십자가와 빈 무덤 앞에서는 실패한 제자들이지만 갈릴리에서 부활한 예수와 만나 다시금 자기 십자가를 지고(십자가를 통하여) 예수의 삶을 따라 가는 것으로 진정한 제자직을 수행할 수 있다고 권고하고 있다.

||||| 제2장 |||||

마태복음의 제자직: 예수의 뜻을 행하는 자

마태복음은 마가복음과 Q자료를 근거로 하여 기록된 복음서이다. 마태복음이 기록되기 전에 이 두 개의 자료가 이미 있었다는 점은 마태복음을 연구하는 데 큰 도움이 되고 있다. 본 장에서는 먼저 마태복음의 배경을 살펴본 후, 이런 상황 속에서 나타난 마태 공동체의 문제들을 파악하여, 이런 문제들의 해결책으로 마태복음은 어떤 기독론과 교회론을 사용하였는지, 그리고 그것들이 마태복음의 제자직과 어떤 연관이 있는지를 설명하고자 한다.

1. 복음서의 특징과 문제점들

마태복음은 이그나시우스(Ignatius of Antioch, ca. 115)의 인용구에 나타나 있는 것으로 보아 최소한 주후 100년 이전에 쓰인 것이 분명하고, 주후 70년에 기록된 마가복음을 자료로 삼은 것으로 보아서 주후 70년 이후에 쓰여진 것이 확실하다. 그렇다면 마태복음의 기록 연대는 주후 80년에서 100년 사이로 보아야 한다.

마태복음에 여러 번 인용되는 구약성서의 본문들은 히브리어 구약성서를 인용한 것이 아니라 당시 그레꼬-로망 세계에서 사용되었던 70인 역 희랍어 구약성서 본문들이다. 그럼에도 불구하고 마태복음은 어느 복음서보다 구약성서를 많이 인용하였으며, 특별히 율법에 대해 큰 관심을 보이고 있다.[86] 이런 사실을 미루어 볼 때 마태복음은 헬라 세계에 흩어져 사는 유대 기독인들을 위하여 쓰인 복음서임을 알 수 있다.

마태 공동체의 삶의 배경에 관해서는 아래와 같이 정리할 수 있다. 첫째, 이들은 도시 중심적(city-oriented)으로 살고 있었다.[87] 마태복음은 예수의 선교 중심지를 마가복음과 달리 여러 도시들로 소개하고 있다. 예수는 도시에서 도시로 옮기면서 선교하였다.[88] 특히 10장 23절을 보면 마태 공동체가 얼마나 도시적인지를 잘 알 수 있다. 예수는 핍박을 받게 될 제자들에게 "이 도시에서 너희를 박해하거든 저 도시로 피하라. 내가 진실로 너희에게 이르노니 이스라엘의 모든 도시를 다 다니지 못하여서 인자가 오리라"고 말씀하셨다. 이런 언급은 마가복음(13:9-13)과 누가복음(21:12-17)의 평행구절에는 나타나지 않는다. 이런 도시적 경향은 마태복음이 자료로 사용한 마가복음과 비교해 보면 더 분명해진다. 마가복음에서는 예수의 활동영역이 농촌 지향적이었다. 마가복음의 예수는 도시로 가는 도상에서 사람들을 만나거나, 물가나 외딴 곳으로 사람들을 불러내어 그들을 가르치곤 하였다.[89]

86) 마 5장-7장에 나오는 산상수훈을 참조하라. 특히 5:17-18을 주목할 필요가 있다.

87) 마크 포웰,《복음서 개론》, 허주 역 (서울 : 크리스찬출판사, 2003), 96.

88) 마 10:5-15:23, 23:34 참조.

89) 막 1:16, 2:13, 3:13, 4:1 참조.

둘째, 마태 공동체에 등장하는 인물들은 주로 중, 상류층(the upper-class society)에 속한 사람들이었다. 마태복음에는 당시 상류층에서만 볼 수 있는 여러 특징들이 나타나고 있다. 1장에 나오는 족보는 상류층에서 일반적으로 관심을 두는 것이었고, 예수의 말씀이나 비유에 나오는 소재들 중 많은 부분들이 상류층과 연관된 것들이었다. 예를 들면 법정(5:25-26), 고소(5:29-42), 재물(6:19), 진주장사(13:45-46), 포도원의 주인(20:1-16) 등이 그것이다.

셋째, 마태 공동체는 문맹자들의 모임이 아니었다(not unschooled). 저자 마태는 흔히 세관(9:9)이며 서기관(8:19, 13:52)으로 소개되고 있다. 당시 서기관은 요즘으로 보면 신학자에 속하였다. 그뿐 아니라 마태복음은 매우 체계적으로 구성된 책[90]인 동시에 수많은 구약 인용구들이 나오고 있다. 그렇다면 마태복음 저자는 상당한 지식층이었을 것이며 그 독자들도 이런 수준을 요하는 계층으로 볼 수 있을 것이다.

이런 배경과 연합하여 마태복음은 시대적으로는 예루살렘이 멸망한 이후(주후 70년) 유대교와 기독교 모두 정체성이 흔들리는 시기에 쓰였음을 짐작할 수 있다. 유대교는 성전이 로마제국에 의해 무너짐으로써 이제까지 믿어왔던 신앙에 큰 변화가 일어나게 되었다. 성전 파괴 전까지 있어 왔던 네 가지 신앙방법 중 세 가지가 붕괴되었기 때문이다. 성전 중심이던 사두개파, 사막에 공동체를 만들었던 에세네파, 그리고 종교적 자유 뿐 아니라 정치적 자유를 추구하던 열심당들이 성전 파괴로 사라진 것이다. 이제 남은 것은 율법을 중심한 바리새파뿐이었다. 이들은 신앙의 중심을 율법에 두었기에 성전이 붕괴되고 나라가 망하고 백성들이 흩어져도 자신들의 신앙형태를 유지할 수 있었다. 우리는 이런 유대교를 랍비적 유대교

---

90) 다음 단락에 나오는 "가르침에 대한 강조" 부분을 참조.

(rabbinic judaism)라고 부른다.

결국 성전 파괴 이후의 유대교는 율법을 중심한 바리새파가 주도하는 랍비적 유대교만이 남게 되었다. 이들은 주후 90년에 얌니아(Jamnia)에서 랍비 가말리엘 2세 주관으로 유대교의 갱신을 위한 회의를 하였다. 이때 결정한 중요한 사안은 두 가지이다. 그중 하나는 구약성서를 39권으로 확정한 것이다. 이제까지는 율법서와 예언서만 성서로 사용되었고 성문서(시편, 잠언, 전도서, 욥기, 아가서)는 아직 성서로 규정되지 않았었다. 얌니아 회의에서 성문서까지 성서로 인정함으로써 구약성서가 39권으로 확정되었다. 이것은 유대교 내부를 공고히 하기 위한 결의였다. 성서가 확정되어야 성서를 근거한 랍비적 유대교가 유지될 수 있기 때문이다.

다른 하나는 유대교 자체를 순수하게 만드는 것이다. 그것은 유대교 안에 있는 기독인들을 회당에서 축출하는 것으로 나타났다. 그 방법은 회당에서 매일 외우는 18기도문 안에 기독인들을 저주하는 기도문을 삽입시켜 그것을 매일 암송케 하는 것이다. 이들은 12번째 기도문에 아래와 같은 저주문을 삽입시켰다.[91]

> 배교자들에게는 희망이 없게 되며 완악한 지배자들은 우리 시대에서 절멸되어지리로다. 나사렛 사람들과 이교자들은 곧 멸망할 지어다. 그들은 생명책에서 지워지고 의인들의 반열에도 들지 못할지어다. 교만한 자들을 낮추시는 주의 축복 있기를!

당시는 아직 기독교와 유대교가 완전히 분리된 시대가 아니었다. 물론 이방기독인들은 유대교와 무관하게 신앙생활을 하고 있었지만 많은 유대기독교인들은 회당과 교회에 함께 참여하고 있었다. 이 때문에 이런 결정은 회당에 참석하면서 기독교 신앙을 간직했던 유대

---

91) 노만 페린/박익수 역, 《새로운 신약성서개론》(서울 : 한국신학연구소, 1991), 521.

기독인들에게는 심한 갈등을 일으키는 원인이 되었다. 이들은 조상 대대로 믿어 왔던 유대교 전통을 지키면서 동시에 기독교 신앙생활을 하고 있었으나 이제 그들은 어느 한 쪽을 선택해야만 했다. 그리스도를 선택하든지 아니면 이제까지 선조들이 믿어 왔던 유대교를 선택하든지 해야 하는 것이다.

마태복음은 얌니아 회의 이전에 기록된 것이지만 마태 공동체의 상황은 유대교를 새롭게 정립하려는 90년대 상황과 무관하지 않다. 이 점에서 마태 공동체 안에는 기독교를 유대교의 한 부류로 보려는 그룹과 다른 한편으로는 기독교를 유대교와 완전히 독립된 새로운 종교로 보려는 그룹 사이의 긴장감이 존재하고 있었다.[92] 전자는 유대기독인들이 중심이었으며 후자는 이방기독인들이 중심이었다. 유대기독인들은 유대교의 핵심인 율법을 기독인들에게 강조한 반면에 이방기독인들은 유대교의 율법으로부터의 해방을 기독교 복음의 중심으로 보았다. 이런 긴장 속에 있는 마태 공동체에게 마태복음의 저자는 예수가 무엇인지, 참된 교회가 무엇인지 그리고 기독인들이 무엇인지를 전하고자 복음서를 쓰게 되었다.

그렇다면 마태복음의 배경을 다음과 같이 정리할 수 있을 것이다. 마태 공동체는 유대기독교와 이방기독교가 혼합되어 있는 공동체였다. 이 둘 사이에는 신앙의 핵심이 무엇인가에 대한 갈등이 있었다. 이런 공동체에게 마태복음은 예수에 대한 믿음보다는 전통적인 율법이 더 우선적인가 아니면 율법보다는 믿음이 우선적인가라는 대립적 대답으로 답하지 않고 율법과 믿음을 통합하는 제3의 길을 제시하고 있다.

마태복음이 전하는 통합의 길은 그들이 이제까지 믿어 왔던 성서, 즉 구약성서에 근거한 예수의 복음이다. 그것에 대한 구체적인

---

92) G. Bornkamm, G. Bart, H. J. Held, *Tradition and Interpretation in Matthew* (London: SCM Press, 1963) 참조.

해석은 다음 장에서 할 것이다. 이런 예수의 복음을 이해하려면 기본적으로는 구약성서에 대한 지식이 먼저 필요할 뿐 아니라 이것을 분석할 수 있는 지적 능력과 그것을 현실화할 수 있는 사회적 위치가 요구되었다. 이 점에서 마태 공동체는 사회적으로 중류 이상의 계층들로 구성된 유대교 기독교의 특징을 그대로 지니고 있는 공동체였다.

2. 문제 해결을 위한 마태복음의 접근법

1) 가르침에 대한 강조(didactic emphasis)

마태복음은 유대기독인들과 이방기독인들 사이에서 참된 기독인이 무엇인지를 가르치고 있다. 그러기 위해서는 먼저 이제까지 믿어왔던 유대교와 새롭게 시작한 기독교를 비교할 필요가 있었다. 마태복음이 많은 부분에서 구약성서를 인용한 것도 그 구성에 있어서도, 그리고 모세 오경에 따른 것도 유대교를 염두에 두고 쓰였기 때문이다.

마태복음은 예수의 가르침을 구약의 오경처럼 다섯 단락으로 구성하였고 각각의 설교의 마지막은 "예수께서 이 말씀을 마치시매"라는 구절로 끝맺고 있다. 페린(N. Perrin)은 이런 구성을 아래와 같이 정리하고 있다.[93]

마태복음	설교 주제	종결 문구
5:1-7:27	산상 설교	7:28
10:1-41	선교 설교	11:1
13:1-52	비유 설교	13:53
18:1-35	공동체 규칙	19:1
24:3-25:46	묵시적 설교	26:1

이렇게 구성한 이유는 예수를 유대교의 모세와 비교하기 위함이다. 마태복음이 쓰인 시대는 앞에서 지적한 대로 랍비적 유대교가 지배하고 있었다. 이런 랍비적 유대교의 신앙의 핵은 모세의 가르침이다. 그것을 보다 구체적으로 설명하면 모세가 준 십계명이 랍비적

93) 페린, op. cit., 419.

유대교 신앙의 핵심이었다. 마태복음은 이런 유대교의 상황에서 기독교의 정통성과 유일성을 말할 필요가 있었다. 마태복음은 그것을 위하여 예수를 궁극적인 모세, 즉 모세의 완성자로 소개하고 있다.

모세가 십계명을 호렙산에서 받은 것 같이 예수는 산상수훈을 누가복음에서처럼 들(눅 6:17)이 아닌 산에서 선포하였다(5:1). 모세가 자신의 삶과 가르침을 오경이라는 다섯 권의 책으로 표현한 것 같이 새 모세인 예수도 앞에서 지적한 다섯 그룹의 설교를 통하여 자신의 정체성과 가르침을 표현하고 있다. 그것을 베이컨(B. W. Bacon)은 유대인들의 토라를 구성하는 모세 오경에 상응하는 '기독교 오경' 혹은 '예수에 관한 오경'이라고 말하고 있다.[94]

이런 상황 때문에 마태복음은 그 내용의 초점을 예수의 행위보다 가르침에 두었다. 그것은 랍비적 유대교가 모세의 행위보다 그의 가르침인 율법에 신앙의 중심을 둔 것에 따른 결과이다. 이 점에서 마태복음은 '가르침의 복음서'(the didactic gospel)라고 명명될 수 있을 것이다.[95]

여기에서 핵심적인 문제는 '예수의 가르침이 어떤 가르침인가'라는 것이다. 그것은 마태복음에 나오는 12개의 예언 성취에 관한 인용구에서 추론할 수 있다.[96] 이 인용구에 따르면 마태복음의 예수는 율법과 예언을 성취하려 오신 분(5:17)으로 규정하고 있다. 이 점에서 마태복음은 예수의 전 삶을 구약성서에 대한 성취의 사건으로 해석하였다. 예수의 이름(1:22–23), 예수의 탄생(2:4–6), 예수의 자라남(2:23), 예수의 공생애 시작(3:3), 예수의 시험(4:4, 6), 예수의 선교(4:15-16), 예수의 수난(26:54) 등 예수의 생애에 나타나는 모든 과정이 구약성서의 예언에 따르고 있다. 그것은 예수의 삶이 단순히

94) B. W. Bacon, *Studies in Matthew* (London: Constable, 1930) 참조.

95) J. C. Beker, *The New Testament* (Minneapolis: Fortress Press, 1994), 79–80.

96) 포웰, op. cit., 104–105.

한 인간의 위대한 삶이 아니라 구약성서에서 이미 예언한 것을 성취하는 하나님의 섭리에 따른 삶임을 말하는 것이다.

이런 성취는 예수의 삶에만 국한되지 않고 그의 가르침에서도 그대로 나타나고 있다. 예수는 자신의 가르침을 말하면서 자신의 가르침이 구약성서의 예언이나 율법과 어떤 관계가 있는지를 아래와 같이 말하고 있다.

> 내가 율법이나 선지자를 폐하러 온 줄로 생각하지 말라. 폐하러 온 것이 아니요 온전하게 하려 함이라. 진실로 너희에게 이르노니 천지가 없어지기 전에는 율법의 일점일획도 결코 없어지지 아니하고 다 이루리라(5:17,18).

결국 예수의 생애와 가르침은 예수 개인의 삶이나 말이 아니다. 모세의 삶과 가르침이 하나님의 계시와 연관된 것처럼 예수의 삶과 가르침도 하나님의 계시에 의한 것이다. 더욱이 예수의 가르침은 모세의 가르침을 능가하고 있다. 왜냐하면 예수의 가르침은 모세의 가르침을 성취하고 있기 때문이다. 이 점에서 예수와 모세 모두 하나님의 섭리에 의하여 보내심을 받은 사람들이지만 그 의미는 다르다. 예수는 모세의 율법을 성취하는 분이기 때문이다.

이것을 마태복음은 '옛 사람'과 '나'라는 대비로 설명하고 있다(5:21, 33). 여기서 말하는 '옛 사람'은 구약성서의 율법이나 랍비들의 가르침을 상징하고, '나'는 예수 자신을 상징한다. 이 두 그룹을 대비시키면서 옛 사람의 가르침이 '나'로 상징되는 예수에 의하여 성취되고 있음을 보이고 있다. 옛 사람은 "살인하지 말라"고 가르치고 있지만 '나'인 예수는 형제를 욕하는 자들도 살인하지 말라는 계명을 어기는 것으로 가르치고 있다(5:21, 22). 이런 예수의 가르침은 옛 사람의 가르침이 잘못되었다거나 폐기되어야 할 것이 아니라 예수의 가르침에 의하여 완성되어져야 한다는 것을 말하고 있다. 이런 완성이 없다면, 다시 말해서 예수에 의하여 재해석되지 않는다면 그 옛 사람의 가르침은 불완전한 것으로 머무르게 되는 것이다.

그것은 기독교가 랍비적 유대교보다 우위에 있으며 랍비적 유대교는 기독교에 의해 완성되어져야 하는 종교임을 말하는 것이다. 만약 랍비적 유대교가 자신들의 율법이나 예언만을 고집하고 예수의 가르침을 거부한다면 그들은 하나님의 종교라는 의미에서 불완전한 종교로 남게 된다. 이 점에서 예수는 랍비적 유대교의 상징인 바리새인을 등장시키면서 "내가 너희에게 이르노니 너희 의가 서기관과 바리새인보다 더 낫지 못하면 결코 천국에 들어가지 못하리라" (5:20)고 말씀하신 것이다. 유대교의 의는 그 자체가 완성된 의가 아니기 때문이다. 그 의는 예수의 가르침에 의해 성취되어져야 한다. 그렇지 않다면 그런 의는 하늘나라에 들어갈 수 없는 의가 되고 만다.

그렇다면 성취란 어떤 의미를 말하는 것인가. 그것을 마태복음은 두 가지 측면에서 설명하고 있다. 그중 하나는 새 모세인 예수가 전하는 하나님의 뜻은 십계명이 아니라 사랑의 두 계명이라는 것이다. 22장 34-40절에 따르면 예수는 바리새인들의 핵심인 율법사에게 가장 큰 계명을 설명하고 있다. 그 설명에서 예수가 말하는 가장 큰 계명은 십계명이 아니라 십계명이 지닌 의미이다. 그것은 하나님 사랑과 이웃 사랑이라는 두 계명이다. 이 점에서 예수가 말하는 율법과 예언의 성취는 하나님의 명령에 나타난 구절들에 대한 율법주의적 성취가 아니라 그 구절들이 지닌 본연의 의미를 성취하는 것이다. 십계명의 성취는 열 가지 계명을 문자 그대로 행하는 것이 아니라 그 계명들이 지닌 본연의 의미인 두 가지 사랑을 완성하는 것이다.

다른 하나는 그 사랑은 행동으로 나타나야 한다는 것이다. 예수의 가르침은 교리에 머무는 것이 아니라 구체적 행위로 나타날 때 완성되는 것이다. 이 점에서 마태복음은 그 어느 복음서보다 행함에 대하여 강조하고 있다. 5장 20절에서 예수는 기독인의 의가 서기관과 바리새인보다 더 낫지 못하면 결코 천국에 들어가지 못한다고 말하였다. 당시 랍비적 유대교의 상징인 바리새인들은 그 누구보다 의로운 사람들이었다. 그들은 이런 의로운 삶을 살기 위하여 율법을 613가지나 되는 규칙으로 만들었으며 그것들을 철저하게 지키려고 노력하였다. 이 점에서 바리새인들의 의로운 삶은 모두로부터 존경을 받았다.

예수는 이런 상황에서 기독인들에게 바리새인보다 더 나은 의를 요구하고 있다. 그것은 기독인들의 의는 일차적으로 바리새인의 행위보다 더 완전해야 한다는 것을 의미한다. 예수는 그것을 "그러므로 하늘에 계신 너희 아버지의 온전하심과 같이 너희도 온전하라" (5:48)고 말하였다. 여기서 의미하는 온전함은 앞에서 지적한 대로 먼저 하나님의 계명이 율법조항이 아니라 사랑이라는 것을 깨닫고, 그 다음에는 그 사랑을 구체적으로 실천하는 것을 말한다. 예수는 그것을 산상수훈의 결론인 '반석 위에 집을 지은 지혜로운 자'에서 설명하고 있다. 율법의 성취는 문구적 행함에 있는 것이 아니라 율법의 본질인 사랑을 실천하는 데 있다는 것이다. 예수는 그것을 "누구든지 나의 이 말을 듣고 행하는 자"(7:24)로 규정하고 있다. 예수는 자신의 가르침은 행함으로만 완성되며 행함으로 실천되지 않는 가르침은 그 자체가 무의미하다고 말한다. 이런 사람은 '모래 위에 집을 지은 어리석은 사람'(7:26)과 같기 때문이다.

예수의 모든 가르침은 행함으로만 성취되는 것이다. 다시 말하면 예수가 말하는 두 가지 사랑이 실천되는 행함에서 율법과 예언이 완성되는 것이다. 이 점에서 예수가 말하는 바리새인보다 더 나은 의는 계명들을 지키기 위하여 지키는 율법주의적 의가 아니라 사랑

의 계명을 구체적으로 실천에 옮기는 삶의 의를 말한다.[97]

2) 교회에 대한 강조

마태복음의 독자들이 대면해야 하는 유대교는 바리새인이라는 개인이 아니라 랍비적 유대교라는 집단이었다. 더욱이 이 집단은 자신들의 정체성과 합법성을 확립하기 위하여 후에 얌니아 회의를 하였으며 그 결과 다른 집단들, 특히 기독교를 이단으로 정죄하는 결정까지 하고 그것을 구체적으로 실천하려 하였다. 이런 상황에서 기독교도 개인이 아닌 공동체로서 대응할 필요가 있었다. 마태복음이 다른 복음서와 달리 교회를 강조한 이유가 여기에 있다.

마태복음은 그 어느 복음서보다 개인이 아닌 공동체적 신앙을 확립시키고 있다. 그 정점이 교회이다. 복음서 가운데 마태복음만이 '교회'(ekklesia)라는 단어가 세 번 사용되고 있다. 제일 먼저 나오는 곳은 16장 17-18절이다. 이 본문은 마태복음의 가장 중요한 부분에서 등장한다는 점에서 매우 의미가 크다. 예수는 3년간의 공생애를 마무리하면서 자신이 누구인지를 제자들에게 물었다. 먼저 사람들의 대답을 들은 후 예수는 제자들에게도 같은 질문을 던졌다. 그때 베드로가 제자들을 대표하여 예수의 물음에 답하였다. 그것이 그 유명한 "주는 그리스도요 살아 계신 하나님의 아들이시니이다"(16:16)이다. 이것을 흔히 베드로의 신앙고백이라 하고 이 고백을 기독인들의 가장 모범적인 신앙고백으로 지금까지 인정하고 있다. 문제는 이 고백 이후의 예수의 말씀이다. 예수는 베드로에게 아래와 같이 말씀하였다.

97) 하워드 클락 키이/서중석 역, 《신약성서 이해》(서울: 한국신학연구소, 1991), 204.

> 바요나 시몬아 네가 복이 있도다. 이를 네게 알게 한 이는 혈육이 아니요 하늘에 계신 내 아버지이시니라. 또 내가 네게 이르노니 너는 베드로라 내가 이 반석 위에 내 교회를 세우리니 음부의 권세가 이기지 못하리라. 내가 천국 열쇠를 네게 주리니 네가 땅에서 무엇이든지 매면 하늘에서도 매일 것이요 네가 땅에서 무엇이든지 풀면 하늘에서도 풀리리라 하시고 (16:17-19).

이 본문에서 우리는 몇 가지 중요한 점들을 파악할 수 있다. 먼저 이 본문은 마태복음에만 나타난다는 사실이다. 마태복음이 사용한 자료인 마가복음뿐만 아니라 누가복음에도 이 본문은 나오지 않는다. 그것은 이 본문이 마태복음의 신학적 의도에 따라 기록되었다는 것을 의미하는 것이다. 특히 마가복음과 비교해 볼 때 그 차이점이 명확히 드러난다. 마가복음에서는[98] 베드로의 신앙고백 후 바로 예수의 고난과 죽음에 대한 예언이 나오고 그것을 거부한 베드로에 대한 책망이 나온다. 이렇게 본다면 마가복음에 나타난 베드로의 신앙고백은 잘못된 신앙고백의 한 모델로 해석될 수도 있다.

그러나 마태복음에 나타난 베드로의 신앙고백은 마가복음과 달리 예수로부터 매우 긍정적인 평가를 받고 있다. 그렇게 해석할 수 있는 근거는 마태복음에만 나오는 본문 때문이다. 베드로의 신앙고백 후 마태복음은 이런 고백에 대한 예수의 말씀을 소개하고 있다. 그 내용은 베드로의 신앙고백만이 하늘과 땅을 연결시키는 유일한 통로가 된다는 것이다. 그것은 랍비적 유대교가 참 이스라엘이 아니라 베드로와 같은 신앙고백을 할 수 있는 공동체, 즉 교회가 참 이스라엘임을 말하는 것이다. 17절에서 예수는 베드로에게 "이를 네게 알게 한 이는 혈육이 아니요 하늘에 계신 내 아버지시니라"로 축복

98) 막 8:27-38 참조.

하였다. 그것은 베드로의 신앙고백이 율법을 대신할 새 시대의 하나님과 연결되는 통로임을 말하는 것이다. 이전까지는 율법을 바르게 해석하는 것이 하나님과 인간을 연결하는 유일한 방법이었다면 성취의 시대는 그렇지 않다는 것이다. 그것은 예수에 의해 선포되고 예수 안에서 시작된 하나님 나라에 들어가는 것인데 그 하나님 나라의 문을 열기도 하고 닫기도 하는 권세는 베드로와 같은 신앙고백에 달려 있다는 것이다. 마태복음은 율법에 대한 대안으로 예수에 대한 바른 고백이 하늘과 땅을 연결하는 길임을 말하고 있다.

다른 하나는 하늘과 땅을 연결하는 길이 단순히 개인의 신앙고백에 머물지 않고 교회 공동체에 있다는 것이다. 19절에서 열쇠를 넘겨준다는 것은 전권을 위임한다는 의미이다.[99] 그 전권이 베드로에게 주어지며, 그것은 베드로 개인에게 주는 것이 아니라 베드로의 신앙고백에 주어지고 있다. 이를 예수는 "내가 이 반석 위에 내 교회를 세우리니"(16:18)로 설명하고 있다. 천국 열쇠는 베드로에게 주어지지만 그것은 베드로라는 한 개인이 아니라 그의 신앙고백이라는 반석 위에 세워진 교회에게 위임되는 것이다. 이 점에서 하늘에서 매거나 풀면 땅에서도 매거나 풀리는 천국의 열쇠는 개인이 아닌 교회공동체에 있게 된다. 그러므로 문제가 있을 경우 그 문제를 해결하는 것이 한 개인에 의하여 판단하는 것이 아니라 공동체 구성원 전체에 의하여 판단되어야 하는 것이다.[100] 그 이유는 예수가 거하는 장소, 즉 예수의 임재하는 곳이 한 개인이 아니라 공동체이기 때문이다. 예수는 그것을 "두세 사람이 내 이름으로 모인 곳에 나도 그들 중에 있느니라"(18:20)고 선언하였다. 하나님이 임재하는 곳이 예수이고,[101] 예수가 임재하는 곳이 예수를 바르게 고백하는 교회공

99) 사 22:20-22 참조.

100) 마 18:15-20 참조.

101) 예수의 이름은 "하나님이 우리와 함께 계시다"는 '임마누엘' 이다(1:23).

동체이다. 결과적으로 교회공동체가 하나님이 임재하는 장소이기에 이 공동체에 의하여 하나님의 뜻이 매이기도 하고 풀리기도 하는 것이다. 그렇다면 하늘의 모든 권한은 교회공동체에 있는 것이다.

그것은 앞에서 지적한 대로 마태복음이 예수의 가르침을 강조한다는 것과 깊은 연관이 있는 것이다. 그 가르침은 한 개인에 대한 가르침이 아니라 하나님의 임재의 장인 교회에 대한 가르침이기 때문이다. 이 점에서 마태복음의 구성과 가르침의 내용은 교회공동체의 교육과 관련되어 있다. 그 증거로 10장의 가르침은 12제자의 선택과 그들에 대한 파송, 그리고 이들에 대한 교훈으로 되어 있으며, 18장도 제자들과 공동체에 대한 교훈으로 구성되어 있음을 볼 수 있다.

특히 마태공동체는 두 가지 위협 속에 있었는데[102] 그중 하나는 외적 위협으로서 기독교를 이단으로 공격하는 유대교 회당이었다. 마태복음은 유대교 회당을 교회와 구분하기 위하여 '그들' 혹은 '너희들의 회당'으로 규정하였다.[103] 다른 하나는 내적 위협이다. 이들은 교회 내부에서 영적 혼란을 야기 하는 자들이거나 거짓교사들이다.[104] 교회는 이런 두 가지 위협 속에 있지만 바른 신앙고백을 통하여 이들을 극복해 나가야만 하였다. 바른 신앙고백을 하기 위해서는 바른 교육이 절대적으로 필요하였다.

이 점에서 마태복음 저자는 단순한 이상론자가 될 수 없었다. 마태복음에만 나오는 '가라지의 비유'를 보면 그것을 알 수 있다(13:24-30). 밭에 좋은 씨를 뿌렸지만 밤중에 원수가 와서 그곳에 가라지를 뿌리고 갔다. 종들이 보니 밭에는 곡식 외에도 가라지가 많이 있었다. 그들은 주인에게 가라지를 뽑고자 요청하였다. 그러나 주인

102) Beker, op. cit., 82.

103) 4:23, 9:35, 10:17, 13:54 참조.

104) 7:15-23, 23장, 24:24-26.

의 대답은 의외였다. "가만 두어라. 가라지를 뽑다가 곡식까지 뽑을까 염려하노라. 둘 다 추수 때까지 함께 자라게 두어라, 추수 때에 내가 추수꾼들에게 말하기를 가라지는 먼저 거두어 불사르게 단으로 묶고 곡식은 모아 내 곳간에 넣으라 하리라"(13:29, 30). 이 비유의 중심은 밭으로 상징되는 교회공동체가 좋은 씨만 자라는 이상적 집단이 아니라는 데 있다. 거기에는 곡식과 가라지가 함께 자라고 있다. 이 비유를 통하여 예수는 밭에는 가라지가 없어야 한다는 완벽주의를 경고하고 있다. 곡식과 가라지가 함께 있는 것을 "가만히 두라"는 것이다. 가라지가 없는 완벽한 공동체는 추수할 때로 상징되는 종말에서야 이루어지는 것이다. 지금 여기서는 곡식과 가라지가 함께 할 수밖에 없는 것이다. 그것은 지금 여기서의 교회공동체는 완전한 공동체가 아님을 인정해야 한다는 것을 의미한다.

그러므로 마태복음은 마가복음처럼 이것이냐 저것이냐를 결단할 것을 요구하지 않는다. 결단은 한 순간 분명하게 해야 하는 것이다. 그것은 개인으로는 가능할 수 있지만 공동체로는 거의 불가능하다. 흑과 백, 선과 악이 선명하게 나타날 수 없기 때문이다. 마태복음의 초점은 현재 선과 악이 분명히 구분되는 개인의 결단이 아니라 점차 성숙해 가는 공동체의 삶이다. 이 점에서 필요한 것은 교육이고 점진적인 성숙이다. 마태복음이 교육적인 복음서인 동시에 교회적 복음서라는 이유가 여기에 있다.

3. 마태복음의 기독론: 임마누엘

마가복음과 비교해 볼 때 마태복음과 누가복음의 특징은 예수의 전 생애에 대한 이야기로 구성되어 있다는 점이다. 마태복음과 누가복음은 예수의 공생애만 서술하지 않고 예수의 탄생, 공생애, 고난과 십자가 죽음, 그리고 부활을 서술하고 있다. 이 점에서 이 두 복음서는 구원의 축을 예수의 삶에 나타난 한 사건—십자가나 부활 혹은 재림—에 국한시키지 않는다. 물론 이 두 복음서도 Q 자료와 같이 예수의 재림을 기대하고 있고, 마가복음처럼 예수의 십자가 사건의 의미를 강조하고 있지만 그 사건만을 구원의 핵으로 보지는 않는다. 오히려 예수의 전 삶을 통해 나타난 구원 사건들에 초점을 맞추고 있다.

마태복음이 말하는 기독론은 예수 안에 하나님의 임재하심이다.[105] 그것은 하나님이 예수 안에서 현시하신다는 의미이다. 마가복음에 따르면 하나님은 예수를 통하여 구원의 역사를 행하셨다. 그 구원이 나타난 역사적 사건이 예수의 십자가 사건이다. 이 때문에 마가복음은 십자가 신학을 말할 수밖에 없었다. 그러나 마태복음의 관점은 다르다. 마태복음에 따르면 하나님의 임재하심은 예수의 어떤 한 행동이나 사건에 국한되는 것이 아니라 예수라는 존재와 함께 하신다(1:23, 12:6).

이 점에서 하나님께만 할 수 있는 신적 경배는 하나님이 임재하는 예수에게도 해야 하는 것이다. 마태복음은 9번이나 서로 다른 상황 속에서 예수에게 경배하는 것이 합당하다고 지적하고 있다.[106] 그 가운데 21장 16절을 제외하고 나머지 부분들에서 나타나는 '경배하다'(proskyneō)라는 말은 상대에 대한 최대의 존경과 복종을 나타

105) Powell, op. cit., 106.

106) 마 2:11, 8:2, 9:18, 14:33, 15:25, 20:20, 21:16, 28:9, 17 참조.

내는 종교적 단어이다.[107] 이 단어가 지닌 의미가 가장 분명하게 나타나는 본문이 4장 10절이다. "이에 예수께서 말씀하시되 사탄아 물러가라 기록되었으되 주 너의 하나님께 경배하고 다만 그를 섬기라 하였느니라." 여기서 '경배하다'의 대상은 오직 여호와 하나님 한분인데, 이런 경배를 사람들은 예수에게도 하고 있다. 그 첫 번째 예수에 대한 신적경배 사건이 동방박사의 방문이다. 그들은 아기 예수에게 하나님에게만 할 수 있는 종교적 경배를 드렸다. 그것을 마태복음은 "엎드려 아기께 경배하고(prosēnegkan)"로 표현하고 있다. 이 점에서 마태복음은 예수에게 절하는 것과 하나님에게 절하는 것이 동일한 사건임을 말하고 있다. 그것은 예수가 하나님의 임재의 실체이기 때문이다.

이런 현상은 부활 후에도 계속된다. 부활 후 예수는 육체적으로는 제자들과 함께 하지 않지만 부활한 예수로는 제자들과 함께 하고 있다(28:19-20). 부활 전에는 육체적으로 제자들과 함께 함으로써 그들이 예수를 통하여 하나님의 임재를 경험하였다면, 부활 후에는 영적으로 그들과 함께 함을 통해 제자들은 부활 전과 동일하게 하나님의 임재를 경험하게 되었다. 이 점에서 부활 전이나 부활 후나 관계없이 예수 안에서 모든 믿는 자들은 하나님의 임재를 경험하게 되며 하나님의 임재 속에 있게 되는 것이다. 그것을 마태복음은 다음과 같이 설명하고 있다.

> 진실로 너희에게 이르노니 무엇이든지 너희가 땅에서 매면 하늘에서도 매일 것이요 무엇이든지 땅에서 풀면 하늘에서도 풀리리라. 진실로 다시 너희에게 이르노니 너희 중의 두 사람이 땅에서 합심하여 무엇이든지 구하면 하늘에 계신 내 아버지께서 그들을 위하여 이루게 하시리라. 두세 사람이 내 이름으로 모인 곳에는

107) Powell, op. cit., 115.

나도 그들 중에 있느니라(18:18-20).

결국 예수 안에 있다는 것은 하나님 안에 있다는 것이며, 그것은 하나님과 직접적 연결이 있다는 의미이다. 중요한 것은 예수의 이름으로 모인 두세 사람, 즉 교회공동체에 하나님이 임재하신다는 것이다. 그것은 이미 베드로의 신앙고백에 대한 답변에서 예수가 말하였던 부분이다. 예수는 베드로와 같은 신앙을 고백하는 교회 공동체에게 천국 열쇠를 주셨다(16:19). 그렇다면 부활 전이나 부활 후나 예수 안에 있는 모든 신자들이나 신앙공동체는 누구든지 하나님의 임재 속에 있는 것이다.

이런 하나님의 임재는 구원을 의미한다. 그러나 마태복음은 예수 안에서 하나님의 임재라는 구원의 사건을 신비적이거나 영적인 측면으로 이해하지 않았다. 하나님의 임재와 구원은 구체적인 삶의 행위로 나타나기 때문이다. 마태복음은 그것을 '더 나은 의'로 표현하였다(5:20). 구원의 사건은 율법에 대한 표면적 수행이 아니라 본질적 수행으로 얻어지는 것이다. 그 본질적 수행은 사랑이라는 새로운 관점에서 율법을 완성시키는 것이다.[108]

부활 후 예수는 같은 관점에서 제자들에게 명령하고 있다. 제자들이 행하여야 하는 구원사건은 단순히 십자가나 임박한 재림이라는 한 사건에 매달리는 것이 아니라 "너희는 가서 모든 민족을 제자로 삼아 아버지와 아들과 성령의 이름으로 세례를 베풀고 내가 너희에게 분부한 모든 것을 가르쳐 지키게 하라"(28:18-19)는 것이다. 여기서의 핵심은 예수가 전한 교훈을 가르치고 그것을 지키는 것이 곧 구원의 사건이 된다는 것이며, 그것이 하나님의 임재 안에 있다는 것이다.[109]

108) 이 문제에 관해서는 산상수훈과 마 22:34-40에 나오는 '가장 큰 계명'을 참조.
109) 마 28:20 참조.

마태복음이 말하는 예수 안에 하나님의 임재하심이 있다는 선포는 기존의 메시아와는 다른 메시아 상을 보여 주는 것이다. 예수는 구약성서에서 예언하고 있는 기존의 메시아임에는 틀림없다. 그것을 마태복음은 구약성서의 인용으로 증명하고 있다.[110] 그러나 이런 인용에도 불구하고 마태복음은 전통적 메시아 상과는 다른 새로운 메시아 상을 제시하고 있다. 전통적 메시아는 호전적이며, 제왕적 메시아였다. 그러나 마태복음에서 말하는 메시아는 평화적 메시아이다.

이 마태복음에 나타난 메시아의 특징을 아래와 같은 정리할 수 있다.[111] 첫째, 마태복음의 메시아는 이방인들을 위협하는 메시아가 아니다. 그는 모든 민족의 빛으로 '이방의 갈릴리'에서 나셨다.[112] 둘째, 그는 군사적 영웅이 아니라 오히려 연약한 종이다.[113] 셋째, 그는 이방인들을 괴롭히거나 이방인들과 싸우거나 하지 않고 오히려 그들을 세우고 보호하는 이방인들의 희망으로 오셨다.[114] 넷째, 그는 정복자로 입성하지 않고 겸손한 왕으로, 반(反) 전투적 영웅으로 입성하셨다.[115]

그러므로 임마누엘인 예수가 이루는 왕국은 군사적 정치적 힘에 의하여 완성되는 나라가 아니라 5장 1-12절에 나타난 팔복에 의하여 건설되는 하나님의 나라인 것이다.

---

110) 1:23=사 7:14, 2:5f.=미가 5:1, 3, 2:15f.=호 11:1, 2:17f.=렘 31:15, 2:23=구체적 언급 없음.

111) 게르트 타이센/류호성, 김학철 공역, 《복음서의 교회정치학》(서울: 대한기독교서회, 2002), 85 86.

112) 4:14-16=사 8:23-9:1.

113) 8:17=사 53:4.

114) 12:7-21=사 42:2f.

115) 21:4f.=슥 9:9.

4. 마태복음이 말하는 제자직

앞에서 살펴본 대로 마태복음의 상황은 마가복음의 상황과 달랐다. 마가복음의 상황은 마태복음보다 급박하였다. 그들은 핍박 속에 있었으며, 그것은 공동체 구성원들이 언제 어떻게 순교할지 모르는 상황에 둘러싸여 있었다. 이 점에서 마가 공동체는 임박한 예수의 도래를 기대하는 동시에 예수의 십자가 죽음에 모든 관심을 모으게 되었다. 마가 공동체는 지금의 상황을 임박한 예수의 도래가 아직 이루어지지 않고 있는 예수 부재의 상황으로 인식하였다. 그러기에 자신들이 처해 있는 상황에서 가장 우선적으로 요구되는 것은 예수와 같이 자발적이고 헌신적으로 죽음에 동참하는 결단이라고 생각하였다. 그것이 예수의 십자가를 강조하게 된 이유이다.

마태복음의 경우는 좀 달랐다. 마태 공동체는 마가 공동체와 같이 극단적 현실 속에 있지 않았다. 그러므로 극단적 헌신이나 고난과 십자가에 대한 강박적인 강조가 필요하지는 않았다. 오히려 마가복음이 말하는 신앙과 삶은 사회로부터 더 큰 소외를 자초한다는 것을 인식하고 있었다. 마태복음은 신앙을 이것이냐 저것이냐를 선택하는 것이 아니라 사회라는 틀 안에서 하나님의 뜻이 통용되는 새로운 사회로 변혁시켜 나가는 것으로 인식하였다. 그러기 위해서는 현 사회보다 도덕적으로 더 높은 의가 필요하였다. 예수의 도래는 급박한 것이 아니며, 지상에서 살았던 예수와 앞으로 도래하게 될 예수 사이에는 예수가 없는 예수 부재의 상황이 있는 것이 아니다. 그들은 지금을 예수가 함께하고 있는 예수 임재의 상황으로 인식하였던 것이다. 그러므로 마태복음은 마가복음처럼 세상을 살아가는 제자의 모델로서 십자가의 죽음이라는 영웅적인 순교자적 삶을 요구하기보다는 더 큰 의를 행하는 행위적 삶을 요구하고 있다. 이 점에서 마태복음의 제자직을 다음과 같이 정리할 수 있을 것이다.

1) '가능성의 존재'로서의 제자

마가복음에 따르면 예수의 제자들은 무지하여 깨닫지 못하는 자로 상징되었다. 반면에 마태복음은 제자들을 깨달아 가는 자로 상징하고 있다. 그것은 마태복음에 나오는 제자들에게는 부정적인 면과 더불어 긍정적인 면이 더 많이 나타난다는 점에서 알 수 있다. 마태복음의 제자들도 분명히 부정적인 면을 지니고 있다. 그들은 '예수를 넘어지게 하는 자'(16:23)이며, '예수를 부인하는 자'(26:34, 35)이며, 예수의 기도 중에도 '잠만 자는 자'(26:40-46)이며, 고난의 상황에서는 예수를 버리고 '도망간 자들'이다(26:56).

그럼에도 불구하고 이 제자들은 예수를 이해하고, 따르고, 복종하고 있다. 가나안 여인이 귀신들린 자신의 딸을 위하여 간구했을 때 그 여인의 청을 들어줄 것을 청원한 사람이 제자들이었고(15:23), 예수가 말한 누룩의 의미를 깨달은 자도 제자들이었다(16:12). 변화산에서 보여준 예수의 계시를 깨달은 사람(17:13)도, 자신들이 귀신을 쫓아내지 못하는 이유를 묻고 그것을 깨달은 사람도 제자들이었다(17:19, 20).

이 점에서 마태복음의 제자들은 부정과 긍정 사이에 있는 존재들이다. 제자는 예수를 완전히 이해하는 자도 아니고 그렇다고 예수를 완전히 깨닫지 못하는 자도 아니다. 지금의 제자들은 불완전한 존재일 뿐이다. 그 대표적인 예가 베드로의 삶에서 나타나고 있다. 베드로는 비록 예수를 세 번이나 부인한 제자이지만 그는 천국열쇠를 받은 자이다. 그것이 가능한 것은 마태복음이 이해하는 제자직 때문이다.

마태복음은 제자를 예수를 따르는 자보다 예수를 배우는 자로 규정하고 있다. 그것은 마태복음의 예수가 종종 선생으로 소개되는 것과 무관하지 않다. 예수는 제자들을 잘 가르치는 좋은 선생이다. 그리고 제자들은 그 선생으로부터 배움을 받고 있는 사람들이다. 마태복음에 나오는 다섯 개의 담화가 모두 제자들을 가르치는 것으로 시작하고 있다. 첫 번째 담화인 산상수훈의 시작은 "예수께서 무리를 보시고 산에 올라가 앉으시니 제자들이 나아온지라. 입을 열어 가르쳐 이르시되"(5:1, 2)로 되어 있다. 그 밖의 담화도 제자들에 대한 예수의 가르침으로 시작한다.[116] 예수는 유능한 선생이고 제자들은 그의 가르침을 받는 사람들이다.

마태복음에만 나오는 '제자가 되는 것'(mathēteutheis)이라는 용어(13:52)는 선생의 방식을 배우는 것을 통해 제자가 될 수 있다는 의미이다.[117] 이 점에서 마태복음은 예수의 제자들을 서기관으로 비유하였다(13:51, 52). 서기관은 배움으로만 가능한 직업이기 때문이다. 서기관과 같이 예수의 제자들도 예수로부터 배움으로 제자가 될 수 있는 것이다. 그것을 예수는 자신의 마지막 지상 명령에서 극대화시키고 있다. 부활한 예수는 열한 제자들에게 명령하였다. "내가 너희에게 분부한 모든 것을 가르쳐 지키게 하라"(28:19a)는 것이다.

'가르침을 받다'는 것은 과정을 요구한다. 한 번의 가르침으로 온전해지는 것이 아니라 많은 세월을 거쳐 수많은 노력과 헌신을 통하여 성숙해가는 것이 교육이다. 이 점에서 마태복음의 제자는 배움의 과정 중에 있는 존재이다. 이 과정에는 긍정적인 면도 있고 부정적인 면도 있을 수 있다. 그러나 이런 과정에서 나타나는 불완전성은 부정적 의미가 아니라 긍정적 의미이다. 그러므로 이런 과정 속에 있는 예수의 제자들은 마가복음처럼 결단에 실패한 존재가 아니라 성숙해가고 있는 존재들인 것이다.

---

116) 10:1, 13:10, 36, 18:1, 23:1, 24:1-3 참조.

117) M. H. Crosby, "Matthew's Gospel: The Disciples' call to Justice," *The New Testament-Introducing the Way of Discipleship,* ed. Wes Howard-Brook & S. H. Ring (New York: Orbis Books, 2002), 17.

2) '믿음이 작은 자들'

마태복음에서 예수는 네 번이나 제자들에게 '믿음이 작은 자들'[118] 이라고 말하였다. 이런 표현은 Q자료에서 나온 것으로 6장 30절의 평행절인 누가복음 12장 28절에도 나오고 있다. 그럼에도 불구하고 '믿음이 작은 자'라는 용어는 마태복음에서 특별한 의미로 사용된 말이다. 8장 26절의 평행절인 마가복음은 4장 40절("믿음이 없느냐") 과 누가복음 8장 25절("믿음이 어디 있느냐")에서는 마태복음과 다른 표현을 하고 있으며, 17장 20절과 평행절인 누가복음 9장 41절에서도 마태복음과 달리 제자들을 "믿음이 없고 거역하는 세대여"로 표현하고 있다. 그렇다면 마태복음에 나오는 '믿음이 작은 자'는 특별한 권위를 부여한 제자들의 정체성을 나타내기 위한 마태복음의 전형적인 표현으로 보아야 할 것이다.[119]

'믿음이 작은 자들'과 대조하여 '큰 믿음'을 지닌 사람들—백부장(8:10)과 가나안 여인(15:28)—을 언급하고 있지만 이들은 큰 믿음을 기지고 있었음에도 불구하고 제자로의 부름이나 사명을 받지 못하였다. 오직 '믿음이 작은 자들'인 제자들만 부름을 받고 사명을 감당할 수 있었다. 그러므로 마태복음이 말하는 '믿음이 작은 자'는 단순히 부정적 의미만 지닌 용어가 아니다. 제자들을 '믿음이 작은 자'로 규정한 것은 이 용어를 통하여 특별히 나타내고자 하는 마태복음의 의도가 있었던 것이다.

앞에서 지적한 대로 마태복음이 말하려는 믿음은 단순한 결단의 문제만이 아니었다. 믿음은 인식과 연결되어 있는 것이다. 인식을 통하여 믿음은 지랄 수 있는 것이다. 인식이 없는 무조건적 믿음은 맹종이나 영웅적 행위로 끝날 수 있다. 중요한 것은 지금 충분히 인식

118) 6:30, 8:26, 14:31, 16:8, 17:20 참조.

119) 포웰, op. cit., 123.

하지 못했기 때문에 완전한 깨달음을 가지지 못한 탓으로 온전하게 행동하지는 못한다 하여도 믿음이 없는 것은 아니라는 사실이다. 오히려 지금 완전한 믿음을 가지고 있다는 사람이 더 큰 문제일 수도 있다. 그것은 앞에서 지적한 대로 '큰 믿음'을 지닌 사람들이 제자가 될 수 없는 이유이기도 하다. 지금 '큰 믿음'을 지닌 사람은 더 이상 성숙할 여지가 없는 사람이기 때문이다. 그래서 더 깊은 예수의 가르침의 세계에 동참할 수 없는 한계를 지니게 된다. 예수의 사역은 공생애로 완결되는 것이 아니라 죽음 이후 부활로 발전된다. 그러므로 지금 '큰 믿음'을 가지고 있다 하여도 그 믿음은 온전한 것이 아니다. 믿음의 대상인 예수가 아직 온전하게 계시되고 있지 않기 때문이다.

그러므로 지금의 믿음은 더 배워야 하는 믿음이다. 그것을 마태복음은 '믿음이 작은 자'로 상징하였다. 이 점에서 지금 완전한 믿음보다 부족하지만 발전하고 성장할 수 있는 믿음을 소유한 자가 궁극적으로 예수의 사역을 감당할 수 있는 것이다. 따라서 예수가 필요로 하는 사람은 '믿음이 작은 자들'이다. 이들이 지금은 비록 의식주 문제로 갈등하고(6:30), 풍랑에 두려워하며(8:26, 14:31), 예수의 교훈을 바르게 이해하지 못하고(16:8), 귀신을 내쫓지 못하지만(17:20), 믿음이 없는 자들은 아니다. 이 점에서 '믿음이 작은 자들'은 여러 가지 부정적 요소를 지니고 있지만 결코 실패자는 아니다. 아직 완성되지 않았을 뿐이다.

이런 측면에서 포웰은 마태복음에서 말하는 '믿음이 작은 자들'의 의미를 두 가지로 설명하였다.[120] 그중 하나는 제자들에게는 작으나마 믿음이 존재한다는 것이다. 이것으로 그들은 하나님의 어떤 명령도 수행할 수 있는 믿음을 지금, 여기서 소유하고 있는 것이다. 다

120) Ibid., 124.

른 하나는 제자들에게는 작은 믿음밖에 없다는 것이다. 따라서 그들은 복음의 기초적인 내용만 경험하였을 뿐이다. 그럼에도 불구하고 이들은 겨자씨만큼 작은 믿음으로 산을 옮길 수 있는 능력을 소유하고 있다(17:20). 그렇다면 믿음이 자란 후에는 얼마나 큰일을 할 수 있는지 가히 상상할 수 있을 것이다.

이 점에서 마태복음이 말하는 '믿음이 작은 자들'이라는 표현은 '큰 믿음'보다 더 큰 가능성을 부여해주는 말이다. 이 말 속에는 마태복음이 말하려는 성장이라는 주제가 있기 때문이다. 마가복음과 달리 마태복음이 말하는 제자들의 이야기는 전개될수록 상황이 악화되는 것이 아니라 오히려 참된 제자의 모습으로 완성되어 가는 것이 그 증거이다. 결국 믿음이 작은 자들이 예수의 지상 명령을 받고 계승하는 제자가 되는 것이다.

3) '말하는 자'가 아니라 '행하는 자'

마태복음이 보여주는 예수의 제자는 예수로부터 받은 것을 '말하는 자'가 아니라 '행하는 자'이다. 예수가 세례를 받을 때 세례 요한이 세례 주기를 거부하였다. 그때 예수의 말씀은 "이제 허락하라. 우리가 이와 같이 하여 모든 의를 이루는 것이 합당하니라"(3:15)는 것이다. 이 말씀은 예수가 오신 목적이 무엇인지를 잘 표현해 주고 있다. 그가 오신 것은 '모든 의를 이루는 것'이다. 여기서 '이루는 것'은 행위성을 말한다. 그것을 예수는 5장 17-20절에서 다시 설명하고 있다. 예수는 율법과 선지자를 폐하기 위하여 오지 않고 완전하게 하기 위하여 오셨으며, 이 완전케 하는 길은 다름 아닌 계명들을 가르쳐 행하게 하는 것이다.

> 그러므로 누구든지 이 계명 중의 지극히 작은 것 하나라도 버리

> 고 또 그같이 사람을 가르치는 자는 천국에서 지극히 작다 일컬음을 받을 것이요 누구든지 이를 행하며 가르치는 자는 천국에서 크다 일컬음을 받으리라(5:19).

여기서 예수는 '행하는 것'과 '가르치는 것'이 같은 의미라는 것을 분명히 말하고 있다. "누구든지 이를 행하며 가르치는 자"라는 말에서 예수는 행하는 것과 가르치는 것을 병렬로 연결하고 있다. 만약 행하는 것과 가르치는 것이 다른 것이라면 논리적으로 볼 때 가르치는 것이 먼저 나오고 다음에 행하는 것이 나와야 한다. 그러나 본문을 보면 행하는 것이 먼저 나오고 다음에 가르치는 것이 나온다. 이 두 가지 점으로 볼 때 예수는 가르치는 것은 곧 행하는 것임을 염두에 두고 말씀하셨다. 그것은 마태복음 전체의 내용과 일치하고 있다. 예수는 기독인들에게 바리새인보다 더 나은 의를 요구하였다. 여기서 바리새인의 의는 행하는 의이고, 기독인들은 그런 의보다 더 큰 의를 행하는 자들이다. 다시 말해서 바리새인의 의가 문자적 행함이라면 예수가 요구하는 의는 본질적인 사랑을 행하는 것이다. 사랑이 곧 율법을 완성하는 유일한 길이기 때문이다.[121)]

이 점에서 마태복음은 그 어느 복음서보다 '행하다'라는 용어를 많이 사용한 복음서이다(6:1, 23:3). 그 행함은 열매로 나타나야 하고(3:8, 10, 7:16, 17), 구체적인 행위가 있어야 한다(5:45, 7:11, 12:34). 28장 20절에 나타난 마지막 명령에 비추어 보면 참 제자가 행해야 할 것이 무엇인지를 분명히 알 수 있다. 그것은 예수가 말씀한 모든 것을 가르쳐 지키도록 하는 것이다. 여기서도 '가르치다'는 말

---

121) 5:21-48 참조, 예수는 여기서 옛 율법과 자신의 가르침을 대조하면서 그 결론으로 5:43-48에서 "원수 사랑"을 말하고 있다. 결국 조건 없는 사랑에서 오는 행동만이 율법을 완성할 수 있는 것이다. 예수는 그것을 "그러므로 하늘에 계신 너희 아버지의 온전하심과 같이 너희도 온전하라"(5:48)는 권면으로 끝내고 있다.

과 '지키다'는 말이 함께 사용되고 있다. 전자는 예수의 교훈을 말하는 것이고 후자는 그것을 행동으로 나타낸다는 말이다. 이 둘은 동전의 양면과 같은 것이다. 결국 앞에서 지적한 대로 가르침과 그것을 행하는 것은 같은 사건이기 때문이다.

이 두 사건이 동일한 사건이 될 수 있는 것은 예수의 가르침이 율법이 아니라 사랑의 두 계명이기 때문이다. 그 계명은 하나님 사랑과 이웃 사랑이다.

> 선생님, 율법 중에서 어느 계명이 크니이까. 예수께서 이르시되 네 마음을 다하고 목숨을 다하고 뜻을 다하여 주 너의 하나님을 사랑하라 하셨으니 이것이 크고 첫째 되는 계명이요. 둘째도 그와 같으니 네 이웃을 네 자신 같이 사랑하라 하셨으니. 이 두 계명이 온 율법과 선지자의 강령이니라(22:36-40).

이 두 계명은 순서나 가치에 차이가 있는 것은 아니다. 문자적으로 보면 하나님 사랑이 먼저이고 다음이 이웃 사랑이다. 그것을 논리적으로 설명하면 먼저 하나님을 사랑해야만 이웃을 사랑할 수 있다는 것이 된다. 그러나 마태복음 전체에 나오는 예수의 가르침으로 보면 하나님 사랑과 이웃 사랑은 동시에 이루어진다는 것을 알 수 있다. 그것은 하나님 사랑이 먼저이고 그 다음이 이웃 사랑이라는 순차적 의미가 아니라는 것이다.

마태복음에만 나오는 '양과 염소 비유'(25:31-46)에서 예수는 그것을 잘 설명해 주고 있다. 이 비유에서 중요한 점은 두 가지이다. 그중 하나는 양과 염소, 즉 우편과 좌편을 가르는 기준이 예수를 믿느냐는 신앙고백에 있지 않고 사랑의 행위에 있다는 것이다. 다른 하나는 예수에 대한 사랑을 인정받은 사람들은 자신의 행동이 예수에 대한 사랑에 근거하였는지를 스스로 인식하지 못하고 있다는 점이다. 이를 통해 예수는 사랑은 믿음보다 큰 것이며 그 사랑은 인식을 통한 어떤 의식적 행동이 아니라 목적 없이 자연스럽게 하는 일종의 존재 양식이라는 것을 말하고 있다. 예수가 말하는 율법을 완성하는 온전한 행위는 사랑인데 그 사랑은 하나님 사랑과 이웃 사랑이 구분되거나 순차적인 것이 아니며, 모두에게 자연스럽게 행동으로 나타나는 하나의 삶의 태도인 것이다. 이 사랑이 삶 속에서 구현될 때 기독교는 유대교와 같이 종교적 폐쇄집단이 되지 않고 하나님이 함께하는 공동체가 되는 것이다. 그렇게 사는 사람이 예수의 제자이다.

4) 예수와 '함께'(meta) 하는 자

마가복음은 예수와 함께하는 사람들의 폭을 매우 넓게 소개하고 있다. 예수의 수제자들인 베드로, 야고보 그리고 요한뿐 아니라(막 5:37, 40, 14:33), 나머지 제자들(막 3:14), 그리고 막연한 제자들(막 3:7, 14:14)까지도 예수와 함께 한 사람들이다. 그뿐 아니라 예수와 함께 한 자들 가운데는 당시 사회적으로 소외를 당한 층까지 포함되어 있다. 예수는 죄인들과 세리들과도 함께 식사를 하였으며(막 2:16), 귀신 들린 자(막 5:18), 회당장 야이로(막 5:22-24), 그리고 배반자 유다와도 함께 하셨다(막 14:48).

그러나 마태복음은 예수와 함께 한 사람들을 매우 제한시키고 있다. 예수의 어머니 마리아(2:11)와 세리와 죄인들(9:11)을 제외하고는 예수와 함께 한 사람들은 제자들뿐이다. 더욱이 세리와 죄인들에 대한 본문은 마가복음 본문에 따른 것이다. 그렇다면 마태복음이 말하는 '예수와 함께 한 사람'은 예수의 어머니 마리아와 예수의 제자들로 국한된다.

그것은 마태복음이 예수와 관계성을 지닌 사람들을 세 부류의 그룹으로 분류하고 있기 때문이다.[122] 첫째 그룹은 예수를 거부하는 사람들로 당시 유대지도자들이 그 핵심이었다. 둘째 그룹은 중도적 입장을 취하는 사람들이다. 이들은 예수를 잘 알지 못하는 계층을 의미한다. 이들은 대중들로 표현되고 있다. 셋째 그룹은 예수를 따르는 사람들이다. 마태복음은 이들을 예수와 함께 하는 사람으로 규정하면서 이들을 제자라고 명명하였다.[123] 이렇게 볼 때 마태복음에서 예수와 함께 한 사람들은 수제자 베드로(26:69, 71), 세베대의 두 아들(26:37-38) 그리고 나머지 제자들(26:18-20, 28:20)이었다.

그렇다면 마태복음은 '함께'(meta)라는 단어를 예수의 제자 됨의 특권으로 사용한 것이다. 이런 특권은 예수의 부활 이전에는 제자들에게 국한된 것이지만 부활 이후에는 교회로 나타난다(16:18). 따라서 마태복음의 제자는 예수와 가장 가까이 함께 하는 존재를 말한다. 이는 앞에서 지적한 마태복음의 임마누엘 기독론과 깊은 연관이 있는 것이다. 예수가 하나님과 함께 함으로 하나님의 능력을 받아 하나님의 모든 사역을 하심과 같이, 제자들도 예수와 함께함으로 예수의 능력을 받아 예수의 사역을 승계하게 된다는 것이다. 비록 지금의 제자들은 '믿음이 작은 자들'이지만 이들은 여러 사건을 통하여 보다 성숙한 제자로 성장함으로 예수의 모든 것을 대행하는 존재가 되는 것이다. 이 점에서 예수와 함께하는 제자들의 기도(18:19)와 그들의 신앙고백 위에 세워진 교회공동체(18:18)에 하나님의 뜻이 함께 하며, 이런 공동체를 통하여 하나님의 뜻이 세상에 나타나게 되는 것이다. 나아가 이런 사역은 제자들의 가르침(28:20), 세례 줌(28:19) 그리고 세계 선교를 통하여 역사 안에서 계속되는 것

---

122) M. J. Wilkins, "Discipleship," *Dictionary of Jesus and the Gospels,* ed., J. B. Green, S. Mcknight, I. H. Marshall (Downers Grove: InterVarsity Press, 1992), 182-183.

123) 12:30. 막 9:40, 눅 9:50 참조.

이다.

'함께함' 이라는 친밀한 용어로 제자직을 규정한 또 다른 이유는 제자들은 예수와 새로운 가족을 형성하게 되기 때문이다. 마태복음은 유난히 자녀, 형제 그리고 가족을 강조하고 있다. 그것은 예수 안에서 유대인이나 이방인이나 구분이 없이 새로운 하나님의 가족으로 태어난다는 것을 말하기 위함이다. 마태복음이 말하는 교회는 예수에 대한 신앙고백 위에 세워진 새로운 하나님의 가족으로 기존의 성민인 이스라엘을 대신하는 공동체이다. 그러므로 제자들은 하나님과 예수와 함께 하는 새로운 가족이다. 제자들은 '하나님의 아들' (5:9, 45, 13:38)인 동시에 예수의 형제들이며(28:10), 제자들 서로 간에는 형제의 관계로 새롭게 연결된다(23:8). 결국 '예수와 함께 하는 사람' 은 예수로 말미암아 형성된 새로운 가족인 것이다. 그 가족은 예수의 모든 것을 승계 받게 된다. 이 점에서 제자들의 오해와 실수[124]에도 불구하고 그들은 예수의 가르침의 신비에 접근할 수 있었으며,[125] 궁극적으로는 예수의 사역을 이어가는 승계자로 세우심을 받게 되었다(28:16-20).

그러므로 '함께' 라는 주제는 마태복음의 기독론, 교회론 그리고 제자론을 아우르는 것임을 알 수 있다. 이것은 다음의 세 중심구절에서 설명할 수 있을 것이다. 첫째 구절은 1장 23절로 "보라 처녀가 잉태하여 아들을 낳을 것이요. 그 이름은 임마누엘이라 하리라 하셨으니 이를 번역한 즉 하나님이 우리와 함께 계시다 함이라" 이다. 여기서는 예수의 정체성을 '하나님과 함께함' 으로 밝히고 있다. 이것이 마태복음에만 나타나는 '임마누엘 기독론' 이다.

두 번째 구절은 18장 20절이다. 예수는 "두세 사람이 내 이름으로 모인 곳에는 나도 그들 중에 있느니라" 고 하였다. 여기서 말하는

124) 15:16, 16:5-11, 21-23, 26:6-13, 40-46.

125) 13:23, 51, 14:33, 16:12, 16-19.

'있다'는 '머물다'(menō)는 말인데 그것은 잠시 머물다 가는 것이 아니라 언제나 함께한다는 뜻이다. 18장 15-19절을 읽어보면 이 말씀의 배경이 교회에 있다는 것을 알 수 있다. 임마누엘이신 예수가 두세 사람이 모인 교회 공동체에 함께함으로 그들은 "무엇이든지 땅에서 매면 하늘에서도 매일 것이요 무엇이든지 땅에서 풀면 하늘에서도 풀리리라"(18:18)고 약속을 받는다. 이 점에서 이 두 번째 구절은 마태복음의 '임마누엘 교회론'에 해당한다.

세 번째 구절은 "내가 너희에게 분부한 모든 것을 가르쳐 지키게 하라. 볼지어다 내가 세상 끝 날까지 너희와 항상 함께 있으리라"(28:20)이다. 여기서 '함께'는 meta(with)라는 전치사를 사용하였다. 그리고 예수가 제자들과 함께 함은 '항상'(pās)이라는 형용사를 사용함으로 '함께'가 순간적인 사건이 아니라 영원한 사건임을 말해주고 있다. 결국 임마누엘 예수는 그의 제자들과 영원히 함께 하실 것이다. 이것이 바로 마태복음의 '임마누엘 제자직'이다.

이 세 구절을 통하여 알 수 있는 것은 마태복음은 '임마누엘 기독론'을 말함으로 '임마누엘 교회론'을 정립하였으며, 이 둘을 종합하여 궁극적으로는 '임마누엘 제자론'으로 '함께함'을 완성시키고 있다.

이런 임마누엘 제자론에는 세 가지 특성이 나타나고 있다.[126] 첫째, 제자들은 스승인 예수와 깊은 관계성을 지니고 있어야 한다. 그것은 전적인 위임과 희생이 요구되는 것이다(4:18-22). 제자들은 스승인 예수처럼 머리 둘 곳 없이 살 수 있어야 하며(8:20-22), 집과 가족을 버려야 하며(10:37, 19:27-30), 자기 십자가를 질 수 있어야 한다.

---

126) T. L. Donaldson, "Guiding Readers-Making Disciples: Disciplehip in Narrative Strategy," *Patterns of Discipleship in the New Testament,* ed., R. N. Longenecker (Michigan: Eerdmans, 1996), 44-46.

둘째, 제자들은 공동체 속에서 다른 제자들과 깊은 관계성을 지니고 있어야 한다. 그러기 위해서는 자신의 삶이 타인의 모범이 되어서 그 착한 행실을 보고 사람들이 하늘에 계신 하나님께 영광을 돌릴 수 있어야 하며, 그 중심은 두 가지 사랑을 실천하는 것이다. 그 사랑은 외적으로는 원수까지 사랑하는 무조건적인 사랑이며(5: 43-46), 공동체 내적으로는 가장 작은 자들까지 돌보는 것이다(18: 1-14).

셋째, 제자들은 세상과 깊은 관계성을 지니고 있어야 한다. 그것은 선교로 나타난다. 그들은 예수의 삶을 본받아 예수의 모든 것을 가르쳐 지키게 함으로 그들을 제자 되게 하는 것이다(28:19-20).

그렇다면 마태복음은 예수와 함께함으로, 공동체가 함께하게 되고, 그것이 모든 민족을 제자되게 하는 제자직으로 완성시키고 있다.

이상을 요약해 보면 마태복음의 제자직은 네 가지이다. 첫째, 가능성의 존재이며, 둘째, 믿음이 작은 자이고, 셋째, 행하는 자이며, 넷째, 예수와 함께하는 자이다. 이런 특징은 마가복음의 제자직과는 매우 다르다. 마가복음의 제자직은 '어떻게 예수처럼 십자가를 질 수 있는가'가 중심이었다면 마태복음이 예수의 제자들에게 요구하는 것은 '예수처럼 어떻게 살 것인가'가 중심이다. 이 점에서 마태복음은 고백보다도 행위에, 십자가 죽음이라는 한 사건보다도 삶 전체를 중시하였다. 이 모든 것의 근거는 예수의 제자는 예수와 함께 하는 존재라는 것이다.

||||| 제3장 |||||

누가복음의 제자직: 예수의 해방 사역에 동참하는 자

누가복음도 마태복음의 경우와 마찬가지로 마가복음과 Q 자료를 근거하여 쓰였다. 그러나 누가복음은 마태복음과는 여러 점에서 자료들을 다르게 사용하였다. 마태복음은 마가복음의 자료들을 대부분 사용하였지만 누가복음은 마가복음을 절반 정도만 사용하였다. 마가복음 6장 45절-8장 26절, 9장 41절-10장 12절은 누가복음에 나타나지 않는다. 또한 마태복음은 자신의 복음서에만 있는 마태의 특수 자료가 전체의 1/3정도를 이루는데 반하여 누가복음은 자신의 특수 자료가 1/2을 차지한다. 그것은 누가복음의 저자가 다른 복음서에 비하여 자신만의 독특한 자료에 많이 의존하여 자신의 복음서를 썼다는 것을 의미하며 이런 특징은 누가복음의 신학적 성향이 다른 복음서들과는 매우 다르다는 것을 말해주는 것이다.

1. 복음서의 특징과 문제점들

누가복음이 위와 같은 자료상의 특징을 나타내는 것은 이 복음서가 기록된 상황이 다른 복음서들의 상황과 같지 않았기 때문이다. 누가복음의 특수한 상황을 다음과 같이 설명할 수 있다.

누가복음이 쓰인 시기는 기독교가 세계화되는 때였다. 이스라엘에서 시작된 기독교는 예수의 죽음 이후 서서히 이방세계로 전파되었다. 그러면서 기독교는 다양한 형태로 발전하게 되었다. 타이센(G. Theißen)은 이런 기독교의 다양한 형태를 지리적 구분으로 설명하고 있다.[127] 예루살렘을 중심한 히브리파는 야고보 계열의 보수파로 Q 자료를 편집했으며, 시리아를 중심으로 형성된 온건파들은 베드로가 중심이었으며 이들이 편집한 자료는 마태복음과 마가복음이다. 여기에 반하여 예루살렘의 헬라파가 중심이 되어 보다 급진주의로 발전된 그룹이 있었는데 그들의 중심인물은 바울이며 활동 지역은 소아시아와 에게 지역이었다. 이들이 편집한 자료는 바울문헌들이다. 이런 세 그룹보다 훨씬 파격적인 그룹이 요한문헌을 편집한 사람들이다. 이들은 사마리아 전승을 가지고 있었지만 여러 시대를 거치면서 다양하게 이 전승들을 발전시켰으며 이들의 최종적 활동 지역은 소아시아였다. 이들의 중심인물은 요한복음에 나오는 애제자이다.[128]

누가 공동체는 타이센이 말하는 이런 그룹들과도 또 다른 기독교 그룹이었다. 이들은 기독교를 다시 유대주의로 전환하려는 기독교 보수파도 아니며, 그렇다고 기독교를 이방세계로 완전히 전환시키려는 급진파도 아니었다. 누가 공동체는 오히려 유대적 요소와 이방적 요소를 기독교 안에서 아우르는 통합파라고 할 수 있다. 이는 누가

---

127) 게르트 타이센, "복음서들에 나타난 지방색 연구," 〈신학사상〉 66 (1989, 가을), 608.
128) Ibid., 606-607.

복음이 다른 복음서들보다 늦게 기록되었다는 사실과 그 기록된 배경에서 확인할 수 있다.

누가복음의 기록 연대는 정확히 알 수 없지만 자신을 신격화하는 도미티안 황제(주후 81-96)를 경계하는 문구로 보아(4:6-8) 주후 90년 이후로 보인다. 또한 기록된 장소는 당시 권력의 중심인 로마로 볼 수 있다. 같은 저자의 저작인 사도행전을 보면 '우리 문서'(We-source)[129]가 나오는데, 이 문서에 따르면 이들이 도착한 곳이 로마였다.[130] 물론 '우리 문서'가 누가복음 저작의 자료라고 단정할 수는 없지만, 사도행전에서는 모든 것들의 초점이 로마로 향하고 있으며 로마의 도착으로 끝나는 것을 보아 누가복음과 사도행전의 저자와 그것을 읽는 독자들의 거점을 로마로 보는 것이 타당할 것이다. 이 점에서 누가복음은 도미티안이라는 로마의 황제가 기독교의 정체성을 흔드는 로마제국의 상황 속에서 제국의 수도인 로마를 중심으로 하여 쓰였다는 것이 타당할 것이다.

이때의 기독교는 이미 유대교의 배경에서 벗어난 상황이었다. 기독교는 이스라엘 땅을 넘어 소아시아를 거쳐 로마로 전파된 후였던 것이다. 그러므로 누가복음의 상황은 마태복음과 바울서신에 나타나는 기독교와 유대교의 갈등이 사라지고 그 대신에 로마라는 큰 제국 안에서 유대기독교와 이방기독교가 혼합된 상태였다.

이런 상황에서 쓰인 누가복음의 특징을 세 가지로 요약할 수 있다.[131] 첫째, 누가복음은 기독교를 세상에 순응시키고 있다. 둘째, 예수의 재림에 대한 긴박한 기대보다는 세상에서 기독인으로 살아가

---

129) 사도행전에서 전기적 3인칭 대신 자전적 복수 1인칭을 사용한 대목들(행 16:10-17, 20:5-15, 21:1-18, 27:1-28:16)을 일컫는 말이다. 정태현 편역, 《성서비평사전》(서울: 성서와 함께, 1993), 182 참조.

130) 행 28:14-16.

131) 게르트 타이센/류호성, 김학철 공역, 《복음서의 교회정치학》(서울: 대한기독교서회, 2002), 124-125.

도록 준비시키고 있다. 셋째, 기독인을 사회와 제국과 함께 평화롭게 살도록 촉구하고 있다. 둘째 주제에 관하여는 다음 단락에서 다시 논하기로 하고 여기서는 먼저 첫째와 셋째 주제에 관하여 보다 심도 있게 살펴보고자 한다.

1) 세상에 순응하는 기독교

누가복음은 이제 로마제국이라는 큰 세계 안에서 기독교의 정체성을 밝히는 데 그 초점을 두고 있다. 하지만 이 세상은 단순한 세계가 아니다. 당시 로마는 이 땅에서 있을 수 있는 모든 가능성들을 다 소유하고 있는 막강한 힘을 지닌 제국이었다. 이 제국 안에서는 유대인들과 이방인들, 기독인들과 이방인들 간에 나타나는 사회문화적 갈등뿐 아니라 도시와 농촌 간의 갈등인 사회생태적 문제들[132]도 있었으며, 나아가 지배자와 피지배자의 문제인 계층 간의 갈등도 있었다. 이런 복합적인 갈등의 상황 속에서 누가복음은 기독인들이 이 세상과 어떻게 통합하고 순응할 수 있는지를 보여주고 있다.

이런 순응과 통합을 위하여 누가복음은 먼저 이제까지 전승된 기독교의 여러 자료와 전승들을 통합하였고 이런 통합을 통하여 누가복음은 기독교의 보다 보편적 가치를 창출하고자 하였다. 이제까지는 어떤 특수한 상황에서 야기된 특수한 신학적 해석으로 기독교의 정체성을 확립하려 하였다면, 누가복음은 이런 특수성에서 벗어나 보다 보편적이고 사회적인 가치를 기독교에 부여하려 한 것이다. 이런 과정을 통하여 누가복음이 의도한 바는 기독교를 로마제국 안에서 합당한 종교로 인정받고자 하는 것이었다. 다시 말해서 누가복음은 기독교를 하나의 군소 종교집단이 아니고 그렇다고 사회나 제국

132) 이 세 가지 갈등에 대한 이론적 접근에 관해서는 G. Theissen, *The First Followers of Jesus* (London: SCM Press, 1978), 33-96 참조.

에 해를 주는 사이비 집단도 아니라 로마 사회와 제국에 유익한 집단임을 보여주고자 한 것이다. 그것은 사도행전 26장 26절에서 바울이 아그립바 왕에게 변호하는 말에서 찾을 수 있다. 바울은 아그립바 왕에게 "왕께서는 이 일을 아시기로 내가 왕께 담대히 말하노니 이 일에 하나라도 아시지 못함이 없는 줄 믿나이다. 이 일은 한쪽 구석에서 행한 것이 아니니이다"라는 것이다. 기독교는 제국의 한 구석에 있는 사이비 집단이 아니라 세계 속에서 떳떳하게 드러난 합법적인 종교라는 것이다.

누가복음은 기독교를 세계 안에서 그 합법성을 확립시키는 방법으로 두 가지 가치를 제시하고 있다. 그중 하나는 기독교가 모든 갈등을 통합하는 화평의 종교라는 것이다. 앞에서 지적한 대로 로마제국 안에는 수많은 갈등이 존재하였다. 그 갈등은 로마 제국의 정치나 황제의 다스림으로 해결될 문제가 아니었다. 누가복음이 당시 황제의 신격화를 반대한 이유가 여기에 있다. 황제 숭배라는 황제의 신격화는 더 큰 갈등을 초래할 뿐이기 때문이다. 예수는 그것을 그의 시험사화에서 분명하게 지적하고 있다. "주 너의 하나님께 경배하고 다만 그를 섬기라"(4:8)는 것이다.[133] 평화는 스스로 신격화하는 황제에 의하여 만들어지는 것이 아니다. 제국의 황제가 스스로 신격화 하면 할수록 오히려 갈등의 문제는 더욱 심화될 뿐이다. 그러므로 갈등을 해결하는 방법은 신으로 여겨지는 황제의 독점적인 지배적 통치에 있는 것이 아니라 나눔의 통치자인 평화의 왕 예수에게 있는 것이다.[134] 이 점에서 세상의 실질적 '구주'는 황제가 아니라 예수이다. 누가복음만이 예수를 '구주'라고 부르는 유일한 복

133) 이 구절을 행 12:22-23과 비교해 보면 그 뜻이 분명해진다. 신격화 된 헤롯은 결국 하나님의 사자에 의하여 죽임을 당하게 된다. 이와 같이 황제의 신격화는 죽음을 가져올 뿐이다.

134) 3:10-14, 행 20:32-35 참조.

음서인 이유가 여기에 있다.[135)]

그러나 누가복음은 기독교가 세상에 순응하고 통합하고 있지만 그 순응과 통합은 기독교를 세속화시키는 것이 아니라 세상을 예수의 교훈으로 변혁시키는 것으로 이해하였다. 타이센은 그것을 '정치적 실용주의'(the political pragmatics)라고 정의하고 있다.[136)] 누가복음은 로마제국을 인정하고 그 세계에 순응하지만 그것은 기독교를 보다 효과적으로 전파하기 위한 방법으로 사용한 것이다. 이런 정치적 실용주의는 기독교에만 유익한 것이 아니라 로마제국에도 유익한 것이다. 그것은 평화의 구주인 예수를 통하여 로마제국의 갈등이 해소될 수 있기 때문에 제국은 기독교를 통하여 보다 안정되고 평화롭게 될 수 있는 것이다.

다른 하나는 기독교 복음이 로마제국 안에서 자유롭게 전파된다는 것이다. '자유롭게 전파되다'는 말은 기독교가 로마제국 안에서 합법적인 종교로 인정받았다는 의미이다. 이것을 누가복음은 '당연하다', '마땅하다'는 희랍어 단어인 '데이'(dei)[137)]와 '하나님의 뜻'(boulē tou theoū)이라는 용어[138)]로 표현하였다. 그것은 로마제국 안에서 복음이 전파되는 것이 하나님의 뜻인 동시에 합당하다는 의미이다. 만약 복음이 제국 안에서 전파될 수 없다면 그것은 하나님의 뜻을 거역하는 것이며 동시에 로마제국이 패망할 수밖에 없는 원인이 되는 것이다. 그러므로 기독교의 복음은 어떤 어려움 속에서도 로마제국 안에서 전파되어야 한다. 그것이 로마제국을 살리는 길이

---

135) '구주'라는 명칭은 마태복음과 마가복음에는 나오지 않고 요한복음에서 한 번 나온다(요 4:42). 그러나 이 명칭은 누가복음에서 8번, 사도행전에서 9번 나온다.

136) 타이센, 《복음서의 교회정치학》, 130.

137) 이 단어는 눅 9:22-24, 17:25, 24:7, 26:44, 행 5:29, 9:6, 14:22, 17:3, 19:21, 23:11, 27:24에 나오고 있다.

138) 눅 7:30, 행 2:23, 4:28, 5:38-39, 13:36, 20:27.

며 동시에 하나님의 섭리이다.[139]

결국 누가복음에 따르면 기독교는 유대교의 한 부분도 아니며, 그렇다고 이방사회의 한 그룹도 아니다. 다시 말하면 기독교는 유대교적 신앙을 고수하는 전통적 종교도 아니고 로마제국의 황제숭배 신앙을 따르는 집단도 아니라는 것이다. 누가복음이 말하는 기독교는 성령이 지배하는 새로운 존재, 즉 '제3의 민족'(the third race)이다.[140] 그것은 역사적인 측면에서 보면 구약성서와 연관성이 있지만 그 이상의 의미를 지닌다. 기독교는 구약성서의 약속을 성취시키는 '참 이스라엘'(the true Israel)이기 때문이다(24:44). 이 점에서 기독교는 유대교도 아니며, 당시에 있었던 밀의 종교(mystic religion)도 아니며, 그렇다고 유행하던 철학 단체(행 17:21)도 아니라 모든 인간을 아울러 화평케 하는 대안적인 새로운 민족인 것이다.

2) 예수의 재림 지연에 대한 새로운 대안

이제 다시 누가복음의 두 번째 주제로 돌아가 보자. 두 번째 특징은 예수의 재림 지연에 대한 새로운 대안을 제시하고 있다는 것이다. 재림의 지연은 누가복음만이 가졌던 문제는 아니었다. 그것은 초대교회의 가장 중요한 문제였다. 이는 최초의 신약성서의 문서로 여겨지는 데살로니가 전서의 중심주제가 재림인 것을 보아 알 수 있다. 예수의 십자가를 믿음으로 구원을 얻은 신자들이 지금, 여기서 할 수 있는 가장 중요한 믿음의 행위는 예수의 재림을 기다리는 것이다. 이 점에서 초대교회의 모든 관심은 예수의 재림에 초점을 두게 되었다. 그러나 그렇게 기다리는 재림은 쉽게 오지 않았다. 이런 재림의 지연은 초대교회에 부정적인 영향과 긍정적인 영향을 동시

139) J. C. Beker, op. cit., 91–94.

140) Ibid., 99.

에 주었다. 부정적 영향은 예수의 재림지연에 따른 신앙의 흔들림이었다. 혹자는 재림의 약속은 거짓이라고 말하고, 혹자는 재림은 이미 왔다고 말하기도 하였다.[141] 이런 논란 속에서 긍정적 영향도 나타나고 있었다. 그것은 재림에 대한 보다 체계적인 신학적 해석을 할 수 있게 되었던 것이다.

신약성서에 나타난 재림에 대한 신학적 숙고는 크게 세 가지이다. 그 첫 번째는 베드로후서에 나타나는 재림에 대한 해석이다. 예수의 재림이 더디다고 실망하는 교인들을 향하여 베드로후서 3장 8절에서는 아래와 같이 설명하고 있다. "사랑하는 자들아 주께는 하루가 천 년 같고 천 년이 하루 같다는 이 한 가지를 잊지 말라"는 것이다. 이 본문은 시편 90편 4절인데 인용의 요지는 하나님의 시간 개념과 인간의 시간 개념이 같지 않다는 것이다. 성도들은 예수의 재림을 언제나 임박한 미래로 교육받아 왔었다. 그러나 그들의 현실 속에서는 재림에 대한 어떤 표증도 나타나지 않았다. 당연히 성도들은 재림에 대하여 회의를 하게 되었다. 이런 성도들에 대하여 가장 기본적 가르침이 위에 인용한 구절에서 나타나고 있다. 본문은 성도들이 생각하는 임박한 재림의 근거인 '예수가 곧 오리라'는 말에 대한 오해를 풀어 주고 있다. 여기서 말하는 '곧'은 인간이 생각하는 시간적 개념과 동일하지 않다는 것이다. 인간적 시간 개념에서 '곧'은 임박한 미래를 의미한다. 아무리 멀리 잡아도 '곧'은 성도들의 삶 안에서 일어나는 사건으로 이해한 것이다.

그러나 베드로후서는 하나님이 말하는 '곧'은 인간의 '곧'과 다른 시간적 개념이라고 말한다. 극단적으로 해석하면 인간의 일주일이 하나님의 칠천 년이 될 수 있다는 것이다. 그렇다면 예수가 곧 오겠다는 약속은 인간의 시간으로 보면 칠천년 후에 오실 것이라는 해

141) 살전 5:1-11 참조.

석도 가능하게 된다. 이런 해석으로 베드로후서는 예수의 재림에 대한 임박성에 매여 예수의 재림을 오해하는 성도들을 교훈하고 있다. 재림의 지연은 지연이 아니라 하나님의 시간 개념으로 보면 아직 올 때가 되지 않았다는 것이다. 어쩌면 재림은 아직도 먼 미래에 일어날지도 모른다. 베드로후서는 그 이유를 다음 절에서 설명하고 있다. "주의 약속은 어떤 이들이 더디다고 생각하는 것 같이 더딘 것이 아니라 오래 참으사 아무도 멸망하지 아니하고 다 회개하기에 이르기를 원하시느니라"(3:9). 재림이 늦어지는 것 같이 보이는 것은 하나님이 약속을 지키지 않은 결과가 아니라 보다 많은 사람들이 회개하여 구원받을 수 있는 기회를 더 주기 위함이라는 것이다.

이 점에서 베드로후서는 예수의 재림은 지연되는 것도, 재림에 대한 약속이 파기되는 것도 아니라고 말한다. 예수의 재림이 지연된다고 생각하는 것은 하나님의 시간 개념을 오해한 결과이며, 재림이 아직 일어나지 않은 것은 모두 인간을 더 구원하기 위한 하나님의 은혜이기 때문이다. 그러므로 성도들이 재림의 기간 속에서 해야 할 일은 좌절이나 의혹이 아니라 언제 재림이 오든지 받아들일 수 있는 "거룩한 행실과 경건함으로"(3:11), "하나님의 날이 임하기를 바라보고 간절히 사모해야 한다"(3:12)는 것이다.

재림에 대한 두 번째 해석은 요한복음에서 나타난다. 요한복음도 베드로후서와 같이 하나님의 시간 개념과 인간의 시간 개념의 차이를 사용하고 있지만 베드로후서보다 시간에 대한 개념이 훨씬 철학적이고 신학적이다. 요한복음은 모든 시간 개념을 예수로 현재화하고 있다. 과거, 현재 그리고 미래라는 시간의 세 단계가 예수 안에서 모두 현재로 나타나게 된다는 것이다. 이렇게 말할 수 있는 이유는 예수가 하나님의 다른 현현이기 때문이다. 요한복음이 이해한 예수는 로고스의 현현이다. 이 로고스는 과거에는 하나님과 함께 한 하나님이었으며(1:1), 현재에는 육신을 입고 오신 예수이며(1:14), 미래에는 십자가를 통하여 다시 하나님으로 돌아가신 영화롭게 되는 예수이다. 결국 로고스 예수는 하나님과 같이 "이제도 계시고 전에도 계셨고 장차 오실 이"(계 1:4)이시다. 이 표현은 로고스 예수가 하나님의 현현이라는 뜻이다.

이 점에서 하나님 앞이 곧 로고스 예수 앞이 되는 것이다.[142] 그것은 하나님 앞이라는 미래적 종말이 이제는 예수 앞이라는 현재적 종말로 나타났다는 것을 의미한다. 재림과 종말이 모두 로고스 예수 앞에서는 현재로 나타나는 것이다. 왜냐하면 예수의 오심이 종말이기 때문이다. 이제까지는 그 종말이 언제나 미래에 있을 하나님의 심판에서 일어난다고 생각하였다. 그러므로 예수의 재림도 바로 이 종말 바로 전에 일어나는 사건이라고 믿었다. 그러나 요한복음은 그렇게 해석하지 않았다. 로고스 예수가 하나님의 현현이므로 예수가 있는 곳에 하나님이 있는 곳이며, 예수를 보는 것이 곧 하나님을 보는 것이며, 예수의 말을 듣는 것이 곧 하나님의 말을 듣는 것이다.[143]

이것을 학자들은 실현된 종말론(the realized eschatology)이라고 말한다.[144] 종말이 예수 앞에서 현재화되었다는 의미이다. 그렇다면 예수의 재림도 미래적 사건이 아니라 현재적 사건이 되는 것이다. 요한복음은 로고스 예수가 떠난 후 상황을 보혜사로 설명하고 있다. 로고스 예수의 떠남으로 오시는 다른 보혜사가 로고스 예수를 대신하며, 그 보혜사의 오심은 예수의 재림을 대신하게 된다는 것이다. 예수의 재림은 이제 미래의 종말에 나타날 사건이 아니라 지금 여기서 보혜사를 통하여 나타나는 현재적 사건인 것이다.

세 번째 종말에 대한 해석은 누가의 작품에서 나타난다. 누가의 방법은 재림의 지연을 역사라는 큰 관점에서 재해석하고 있다. 이런

142) 김춘기, 《요한복음 연구》(서울: 한들출판사, 1998), 133-148 참조.

143) 요 14:9 참조.

144) C. H. Dodd, *The Parables of the Kingdom* (New York: Scribner's, 1961) 참조.

누가의 관점을 설명한 사람이 콘첼만(H. Conzelmann)이다. 그는 그의 책 《누가 신학》(*The Theology of St. Luke*)[145]에서 누가의 역사에 대한 관점을 세 가지 측면으로 설명하였다. 콘첼만이 이런 신학적 해석을 할 수 있게 한 중심 구절은 16장 16절이다. 여기서 나오는 예수의 말은 "율법과 선지자는 요한의 때까지요 그 후부터는 하나님 나라의 복음이 전파되어 사람마다 그리로 침입하느니라"이다. 콘첼만은 이 구절을 중심하여 성서의 시간대를 셋으로 구분하였다. 먼저는 율법과 예언자 시대부터 요한시대까지로 이 시대는 구약시대라고 말할 수 있다. 다음은 예수시대이다. 이 시대는 하나님의 나라가 시작되는 시대이다. 마지막은 예수의 승천 후부터 현재까지로 이 시대는 교회시대이다. 누가만이 누가복음이라는 예수의 생애에 대한 기록뿐 아니라 사도행전이라는 후속 작품까지 썼다. 그 이유는 역사에 대한 새로운 인식 때문이다. 시간의 삼등분 속에서 가운데 부분인 예수에 대하여 쓴 것이 누가복음이고, 그 다음 교회시대에 쓴 것이 사도행전이다.

바울로부터 시작하여 누가가 자신의 작품을 쓰기 전까지 초대교회의 일반적인 시대구분은 옛 시대와 새 시대로 구분하는 이분법이었다. 옛 시대는 예수가 오기 이전의 구약시대를 의미하고 새 시대는 예수로부터 시작한 하나님의 나라의 시대를 말하였다. 이런 관점에서 보면 예수의 재림은 새 시대 이후 임박하게 도래하는 것이 된다. 이 점에서 초대교회는 예수의 재림을 임박한 미래로 볼 수밖에 없었다.[146]

그러나 누가의 생각은 달랐다. 그는 하나님의 역사를 이분법적 시대 구분에서 삼분법적 시대 구분으로 전환시켰다. 그것이 위에서 콘첼만이 지적한 세 시대 구분이다. 이런 삼분법적 시대 구분이 기

145) H. Conzelmann, *The Theology of St. Luke* (New York: Harper & Row, 1961).

146) 폴 악트마이어, 《로마서》(서울: 한국장로교출판사, 2003), 36-40.

존의 이분법적 시대 구분과 구별되는 결정적 차이점은 예수 이후에 임박한 종말이 온다는 생각을 극복해 준다는 것이다. 삼분법적 시대 구분에 따르면 예수 이후에는 교회시대가 있고, 그 시대가 끝날 때 종말이 오게 된다. 누가에 따르면 예수의 재림은 곧 임하는 것이 아니라 교회시대가 끝나야 오는 것이다. 교회시대가 언제까지 계속될 것인가는 복음이 땅 끝까지 전파되는 것에 달려 있다. 복음이 땅 끝까지 전파되면 비로소 종말, 즉 예수의 재림이 임하는 것이다.

이 점에서 누가는 예수 재림의 지연을 새로운 역사관으로 설명하였다. 예수 재림의 지연은 약속의 파기가 아니라 땅 끝까지 복음이 전파되기 위한 유익한 시간을 주기 위함이다. 그러므로 예수의 재림이 지연되는 것은 하나님의 위대한 섭리의 한 부분으로 보아야 한다. 그것을 누가는 다음과 같이 설명하고 있다. 예수의 승천 후 천사가 나타나 "이스라엘 갈릴리 사람들아 어찌하여 서서 하늘을 쳐다보느냐 너희 가운데서 하늘로 올라 간 이 예수는 하늘로 가심을 본 그대로 오시리라"(행 1:11)고 말하였다. 이 말은 예수가 다시 오기 전까지 제자들이 해야 할 일을 회상시킨다. 그것은 "오직 성령이 너희에게 임하시면 너희가 권능을 받고 예루살렘과 온 유대와 사마리아와 땅 끝까지 이르러 내 증인이 되리라"(1:8)는 것이다.

결국 누가는 누가복음에 나타난 예수의 사역이 예수의 떠남으로 끝난 것이 아님을 말하고 있다. 이런 예수의 사역은 성령의 역사하심으로 교회공동체가 승계 받게 되는 것이다. 그렇다면 예수의 사역은 지금, 여기서 교회의 사역으로 현재화되고 있다. 이 말은 교회의 사역이 누가복음에 나타난 예수의 사역과 연계되고 있는 것이며, 예수의 사역은 교회의 사역으로 전환되고 있다는 것이다.

2. 문제 해결을 위한 누가복음의 접근법

1) 구원의 현재성

역사를 세 시대로 구분한 누가의 관점에 따르면 첫 번째 시대인 구약시대는 아직 구원의 역사가 현실화된 시대가 아니다. 그 시대는 약속의 시대이지 성취의 시대가 아니기 때문이다. '하나님 나라'는 예수의 시대에서 시작되는 것이다.[147] 그렇다면 누가복음은 메시아이신 예수가 성령의 능력으로 이스라엘에게 구원의 사역을 행한 것에 대한 기록이고, 사도행전은 동일한 성령이 사도들을 통하여 땅 끝까지 구원의 사역을 행하는 시대에 대한 기록이다. 이 점에서 구원은 예수의 시대나 사도의 시대나 모두 현재적 사건으로 나타나는 것이다.

그러므로 누가복음에서는 예수의 구주되심이 언제나 현재성으로 선언되고 있다. 그것은 '오늘'이라는 단어를 유난히 강조한 누가의 표현법에서 찾을 수 있다. 누가복음은 예수의 탄생에서 이미 오늘을 강조하고 있다. 예수의 탄생에 대하여 "오늘날 다윗의 동네에 너희를 위하여 구주가 나셨으니 곧 그리스도 주시라"(눅 2:11)라고 말하고 있다. 하나님의 구원 행위가 아기 예수 안에서 이미 현재적 결과로 나타나고 있다는 것이다. 이런 표현은 이후에도 계속 나타나고 있다. "이 글이 오늘 너희 귀에 응하였느니라"(4:21), "오늘 우리가 놀라운 일을 보았다"(5:26), "내가 오늘 네 집에 유하여야 하겠다"(19:5), "오늘 네가 나와 함께 낙원에 있으리라"(23:43) 등이 그것이다.

누가복음이 말하는 이런 현재적 구원은 두 가지 특징으로 나타나

---

147) 콘첼만이 분석한 눅 16:16에서 그것을 알 수 있다. 율법과 선지자와 요한의 시대 이후에 하나님 나라라는 복음의 시대가 오는 것이다.

고 있다. 그중 하나는 구원이 예수의 죽음에서라기보다 예수의 삶에서 나타나는 사건이라는 것이다. 구원이 미래적 사건이라면, 다시 말해서 구원이 종말에 일어날 궁극적 사건이라면 마가복음처럼 예수의 삶보다 예수의 십자가 죽음에 초점을 두어야 했을 것이다. 그러나 구원이 현재적 사건이라면 그 구원은 오늘 성도들의 구체적인 삶에서 나타나야 한다. 이 점에서 누가복음은 예수의 십자가 사건을 대속적 사건으로 보기보다는 신실한 순교자적 삶의 결과로 보았다.

예수의 십자가 죽음을 마가복음에서는 예수가 하나님의 아들이 되는 결정적 계시 사건으로 이해하고 있지만[148] 누가복음의 경우는 그렇지 않다. 같은 사건에 대한 누가복음의 기록은 백부장이 예수의 죽음을 보고 그가 하나님의 아들이라고 고백하지 않고 "이 사람은 정녕 의인이었도다"(눅 23:47)라고 고백하고 있다. 구원의 사건은 십자가에서만 일어나는 한 번의 사건이 아니라 예수의 삶 속에서 항상 일어났던 사건이며, 예수의 십자가는 그가 평소에 살아온 삶, 즉 하나님을 신실하게 증언한 결과로 나타난 의인의 죽음일 뿐이다.

그러므로 누가복음의 구원은 예수를 통하여 구체적인 현재적 사건으로 나타나는 것이다. 이것이 누가복음의 구원에 대한 두 번째 특징이다. 그것은 구원이 각 사람에 따라 다르게 나타나고 있다는 점에서 알 수 있다. 소경에게 구원은 시력회복(18:42)이고, 나병환자에게 구원은 깨끗함(17:19)이다. 평화가 없는 사람에게는 평화(2:14)로, 죄인에게는 죄 용서함(7:48)으로, 병든 자에게는 병 고침(6:10, 8:48)으로 구원은 지금, 여기서 나타나는 것이다. 그렇다면 예수를 통한 현재적 구원이란 지금, 여기서 인간을 억압하는 것으로부터 구체적인 해방을 가져다주는 사건을 의미한다. 이 구원사역은 예수가 떠난 후

148) 마가복음은 예수의 십자가 죽음은 그가 하나님의 아들이심을 드러내는 궁극적 사건으로 이해하였다. 백부장이 예수의 십자가 죽음을 보고 비로소 "이 사람은 진실로 하나님의 아들이었도다"(막 15:39)라고 고백하였다.

에도 교회가 대행하고 있다. 그것은 예수의 이름으로 지금, 여기서 병 고침을 받고(행 3:6, 16:18), 죄 사함 받는 것(행 10:43)으로 나타난다.

2) 사회적 약자에 대한 사랑 강조

구원은 예수를 통하여 사람들 각자가 지니고 있는 현재의 문제들로부터의 해방이기에 누가복음에는 이런 해방의 사건들이 많이 나타나고 있다. 이런 문제들을 가장 많이 지니고 있는 계층이 지배층이 아니라 피지배층이므로 해방의 객체들은 이방인, 여인, 죄인, 병자 등 소외층이 주류를 이룬다. 그것을 가장 잘 표현해 주는 구절이 4장 18-19절이다. 이 구절은 이사야 61장 1절을 인용하고 있지만 누가복음은 그것을 새롭게 해석하고 있다.

> 주의 성령이 내게 임하셨으니 이는 가난한 자에게 복음을 전하게 하시려고 내게 기름을 부으시고 나를 보내사 포로 된 자에게 자유를, 눈 먼 자에게 다시 보게 함을 전파하며 눌린 자를 자유롭게 하고 주의 은혜의 해를 전파하게 하려 하심이라.

예수는 이 구약성서를 인용한 후 "이 글이 오늘 너희 귀에 응하였느니라"(4:21)고 선언하였다. 이 말씀이 실천되는 현실이 곧 예수의 구원 사역이기 때문이다. 여기서 복음, 즉 예수가 전하는 구원의 기쁜 소식이 무엇인지를 분명히 말해주고 있다. 복음은 예수가 이 땅에 온 목적으로써 본문에 의하면 세 가지로 분류되고 있다. 첫째, 포로된 자를 자유하게 하는 것이다. 이것은 정치적 해방을 의미한다. 둘째, 눈 먼 자를 보게 하는 것이다. 이것은 신체적 해방을 의미한다. 셋째, 눌린 자를 자유롭게 하는 것이다. 이것은 경제적, 계층적 해방을 의미한다. 그렇다면 예수의 구원은 이 세 가지 현실적 문제들에 대한 구체적 해방을 의미하는 것이다.

누가복음은 이사야서를 인용하면서도 마지막 부분에서 근본적인 수정을 가하고 있다. 그것이 "주의 은혜의 해를 전파하게 하려 하심이라"(4:19)는 말씀이다. 본문의 원본인 이사야서는 "여호와의 은혜의 해와 우리 하나님의 신원의 날을 전파하여 모든 슬픈 자를 위로하되"(사 61:1)로 되어있다. 누가복음은 예수의 때를 '은혜의 해'와 '신원의 날'이라는 양날의 칼에서 '은혜의 해'라는 한 날의 칼로 수정하였다. 그것은 예수의 날이 구원과 심판의 날이 아니라 오직 구원, 즉 은혜의 날임을 강조하기 위함이다. 예수의 오심의 목적은 궁극적으로 인간구원에 있기 때문이다. 그날은 어두운 날도 아니고, 심판의 날도 아니다. 예수의 오심은 기쁨의 날이요 해방의 날이다.

이런 해방의 역사가 가장 강하게 일어나는 곳은 해결할 수 없는 문제들로 신음하는 사람들의 자리이다. 그것을 누가복음은 사회적 약자로 나타내고 있다. 그들은 한마디로 그 당시의 사회적 주변 인물들(marginality)이었다. 누가복음은 이들을 '잃은 자'로 상징하고 있다. 15장에서 그런 잃은 자들이 누구이며 그들이 어떤 것을 찾아야 하는지를 잘 설명하고 있다. 그들은 '잃어버린 양'(15:1-7)이고, '잃어버린 드라크마'(15:8-10)이며, '잃어버린 아들'(15:11-32)이다. 예수는 그것을 "인자가 온 것은 잃어버린 자를 찾아 구원하려 함이니라"(19:10)는 말씀으로 극대화하고 있다. 예수가 이 땅에 오신 목적은 잃어버린 사람들이 예수를 통하여 잃어버린 것을 되찾는 해방의 역사를 이루기 위함이다.

누가복음은 그런 잃어버린 계층들이 어떻게 예수를 통하여 잃은 것들을 회복하는지를 여러 사람들과 여러 상황으로 설명하고 있다. 사마리아 사람들의 구원(10:30, 17:11), 여인들의 구원(7:12,15, 8:2-3, 10:38, 23:27), 세리들의 구원(18:9, 19:1), 간음한 여인의 구원

(7:36) 등이 그것이다.

그렇다면 누가복음은 오늘날 흔히 말하는 민중신학이나 해방신학인가. 어떤 측면으로 보면 누가복음은 민중신학이나 해방신학의 교본이 될 수 있어 보인다. 소외된 계층에 대한 지대한 관심과 구원이 현재적 해방으로 나타나기 때문이다. 그러나 누가복음의 초점이 소외된 계층만인가 아니면 소외된 계층까지인가를 살펴보아야 한다. 전자라면 누가복음의 신학은 해방신학이나 민중신학과 맥을 같이 하는 것이고, 후자라면 그렇게 속단할 수만은 없을 것이다. 여기에 대한 대답은 다음 단락에서 얻을 수 있을 것이다.

3. 누가복음의 기독론: '만인의 구주' 예수

마가복음과 비교했을 때 마태복음과 누가복음의 특징은 예수의 전(全) 삶에 대한 이야기로 구성되어 있다는 점이다. 마태복음과 누가복음은 예수의 공생애만 서술하지 않고 예수의 탄생, 공생애, 고난과 십자가 죽음, 그리고 부활을 이야기하고 있다. 이 점에서 이 두 복음서는 예수의 삶에서 나타난 어느 한 사건을 구원의 중심으로 말하지 않는다. 물론 Q 자료와 같이 예수의 재림을 기대하고 있고, 마가복음처럼 예수의 십자가 사건의 의미를 강조하고 있지만 오직 그 사건들만을 구원의 중추로 보지는 않았다. 오히려 예수의 전 삶을 통해 흐르는 구원의 의미에 초점을 맞추고 있다.

누가복음도 예수의 전 삶을 이야기하고 있지만 십자가에 대한 이해는 마가복음이나 마태복음과는 전혀 다르다. 마가복음은 예수의 십자가를 "자기 목숨을 많은 사람의 대속물"로 드리는 사건으로 이해하였고(막 10:45), 마태복음은 십자가를 "죄 사함을 얻게 하려고 많은 사람을 위하여 흘리는 바 나의 피 곧 언약의 피"(마 26:28)로 이해하고 있지만 누가복음만은 예수의 십자가를 대속적 사건으로 이해하지 않았다. 누가복음이 이해한 예수의 십자가 사건은 의인의 죽음, 즉 하나님을 신실하게 증언하는 의로운 순교자의 죽음의 표였다.

이 점에서 누가복음이 이해한 구원사건은 예수의 십자가 자체에 있는 것이 아니다. 오히려 구원의 사건은 예수의 전 삶에서 나타나는 것이다. 그것이 누가복음이 말하는 예수와 마태복음이 말하는 예수가 매우 유사하게 보이지만 실제로는 그렇지 않은 이유이다. 마태복음의 구원은 예수 안에 있는 하나님의 임재하심이 교회와 제자들의 구체적인 계명 준수로 나타나는 것이라면 누가복음의 구원은 매일 일상의 삶에서 나타나는 해방의 사건이다.

공관복음서를 살펴보면 누가복음에서만 예수를 유일하게 구주로 고백하고 있다.[149] 마태복음과 마가복음에서 말하는 구원은 하나님께서 예수 그리스도의 십자가를 통해 이루시는 그 무엇으로 설명되고 있다.[150] 이 점에서 위의 두 복음서는 예수의 생애 동안에는 그를 구주라고 칭할 수가 없었다. 예수가 아직 십자가를 지고 죽지 않았기 때문이다. 마태복음은 그것을 다음과 같이 미래적 표현으로 설명하고 있다. "보라 처녀가 잉태하여 아들을 낳을 것이요 그의 이름은 임마누엘이라 하리라"(마 1:23)에서 "그의 이름이 임마누엘이라 하리라"는 희랍어 표현은 "그의 이름을 임마누엘이라 부를 것이다"는 의미이다. 분명 '부를 것이다'는 단어는 미래형(kalesousin)이다. 그렇다면 마태복음이 말하는 예수가 임마누엘로 칭함을 받게 될 때는 현재가 아니라 미래이다. 구원은 하나님이 예수의 삶과 십자가를 통하여 이루시는 것이기 때문이다. 마가복음에 따르면 구원에는 예수의 십자가 사건이 있어야 하고, 마태복음에 따르면 예수의 십자가와 그의 부활이 있어야 구원이 이루어지게 되는 것이다. 그러므로 마태복음 1장 21절에서는 예수를 구주로 고백하지 않고 구원을 이룰 자, 즉 구원에 대한 미래형으로 예수를 설명하였다. 그러나 누가복음은 다르다. 예수의 탄생에서 이미 천사가 아기 예수를 '구주'라고 선언하고 있다(눅 2:11). 누가복음에 따르면 예수는 나실 때부터 이미 구주시다.[151]

이 점에서 누가복음이 말하는 예수의 중심어는 '예수가 구주'라는 것이다. 이 구주는 두 가지 특징을 지니고 있다. 그중 하나는 위에서 지적한 대로 예수는 현재적 구주라는 것이다. 다른 하나는 이 구주 예수가 특수한 계층이나 민족만을 구원하는 편협한 분이 아니

149) 눅 2:11, 요 4:42 참조.

150) 포웰, op. cit., 158-159.

151) 포웰, op. cit., 160.

라 모든 인류를 구원하는 분이라는 것이다.

누가복음은 그 증거로 두 가지 점을 지적하고 있다. 첫째는 누가복음에 나오는 예수의 족보이다. 마태복음의 족보는 이스라엘 민족의 조상인 아브라함에서 시작되지만 누가복음의 족보는 예수로부터 소급하여 아브라함을 거쳐 아담까지 올라가고 있다.[152] 여기서 말하는 아담은 단순히 선민 이스라엘의 조상만이 아니라 모든 인류의 조상이다. 그리고 아담 위에는 하나님이 계신다.[153] 결국 누가복음은 구주 예수의 사역이 모든 인류, 더 나아가 하나님이 창조한 모든 것들을 포함한다는 것을 말하고 있다. 이 점에서 예수는 만인의 구주시다. 여기에는 모든 계층의 사람들, 모든 민족들, 모든 종교인들 뿐 아니라 우주 전체도 포함되고 있다.

둘째는 누가복음은 예수가 유난히 소외층에 대한 관심이 많다고 말한다. 어떻게 보면 누가복음의 예수는 소외층에 대한 사랑의 편견을 지니고 있는 것처럼 보인다. 그러나 이런 소외층에 대한 강조는 그들이 구원의 유일한 대상이거나, 구원사역의 핵심 주체라는 것이 아니라 그들까지도 예수의 구원의 대상에서 소외되지 않는다는 것을 강조하기 위함이다. 가장 소외된 그들까지 구원하신다면 예수의 구원 범위에 들지 않는 대상은 이 세상에 존재할 수 없는 것이다. 결국 이런 행위를 통하여 누가복음은 예수가 만인의 구주인 것을 나타내고 있는 것이다.

이 구원 사건은 예수의 삶에서만 일어나는 사건이 아니라 예수의 부활 이후에도 동일하게 일어난다. 예수 시대에는 예수를 통하여 구원의 사건이 일어났고, 예수의 부활 이후에는 성령을 통하여 교회에서 일어나고 있다. 이 점에서 누가복음은 예수의 십자가 사건을 강조하지 않았다. 오히려 예수 시대에는 역사적 예수의 활동을, 부활

152) 눅 3:23-38.

153) 눅 3:38.

이 후에는 성령의 역사하심을 강조하고 있다. 이것 때문에 학자들은 누가복음의 신학을 마가복음처럼 '십자가의 신학' (theologia crucis) 이 아니라 '영광의 신학' (theologia gloriae), 즉 '부활의 신학' 이라고 말하고 있다.[154)]

154) 신학을 '십자가의 신학' 과 '영광의 신학' 으로 구분한 사람은 마르틴 루터이다. 그 후 이런 구분법을 신약성서 학자들은 신학성서를 설명할 때 사용하였다. '십자가 신학' 에 해당되는 대표적인 것으로는 바울신학과 마가신학으로, '영광의 신학' 에 속하는 것으로는 누가문서와 요한복음을 들었다.

4. 누가복음이 말하는 제자직

누가복음과 사도행전을 살펴보면 누가는 마태복음이나 마가복음과 다른 관점으로 제자의 개념을 정의하고 있다는 것을 알 수 있다. 가장 두드러진 특징은 제자의 범위가 넓다는 것이다. 사도행전을 보면 제자[155]는 예수를 믿는 자, 즉 신자와 동의어(4:32, 6:2)로 나타나고 있다. 누가는 이런 제자들에게 열두 제자라는 특정한 명칭을 붙이지 않고 일반적인 용어인 그리스도인(11:26, 26:28), 성도(9:13, 32, 41), 나사렛 사람들(24:5)이라고도 말하고 있다. 그렇다면 누가복음의 제자는 어떤 특수 그룹이 아니라 다수의 믿는 자들을 표현하는 말이다(6:13, 17).

이런 일반적 특징을 근거로 하여 누가복음에 나타나는 제자들의 특징들을 아래와 같이 정리할 수 있다.[156] 첫째, 제자는 예수의 첫 추종자를 부를 때 그들에게 붙여진 명칭이다.[157] 둘째, 제자는 다수를 나타내는 용어이다. 열두 제자들은 이 다수의 제자들 중에서 택한 사람들이다.[158] 셋째, 예수는 열두 제자뿐 아니라[159] 70인을 선별하여 각 도시로 보내어 복음을 전파하게 하였다.[160] 넷째, 이 제자들은 마가복음이나 마태복음보다 긍정적 모습으로 표현되고 있다.

---

155) 6:1-2, 7, 9:10, 26, 11:26, 14:21-22, 15:10, 16:1.

156) M. J. Wilkins, "Discipleship," *Dictionary of Jesus and the Gospels,* ed., J. B. Green, S. Mcknight, I. H. Marshall, (Downers Grove: InterVarsity Press, 1992), 185.

157) 5:1-11, 막 2:16-18, 마 4:18-22 참조.

158) 6:13, 17, 19, 19:37-39

159) 9:1-6, 막 6:6-13, 마 10:5-15.

160) 눅 10:1-16에 따르면 누가복음에만 예수는 70인을 선별하여 예수를 대신한 선교사역을 보내고 있다. 특히 10:17-20을 보면 이들은 예수에게 귀신들의 항복과 자신들의 권능을 행한 일들을 보고 하는데 이런 능력은 제자들이 행하던 능력이다. 눅 9:1-6, 막 6:7-13, 마 10:5-15 참조.

네 번째 특징을 다시 살펴보면 누가의 제자관이 무엇인지를 보다 깊이 이해할 수 있을 것이다. 공관복음서에 나타난 제자들의 모습은 각 복음서에 따라 조금씩 다르게 표현되고 있다. 이미 살펴보았듯이 제자들에 대하여 가장 부정적 평가를 하는 복음서가 마가복음이다. 이 복음서에 따르면 열두 제자들은 주님의 부르심을 받고(막 1:16-20, 2:14), 예수의 사역에 동참하지만(3:13-19) 그들의 삶은 부정적으로 나타나고, 부정적 결말로 끝나게 된다. 가룟 유다는 스승 예수를 배반하고(14:43-45), 나머지 제자들도 예수의 십자가 앞에서 모두 떠나고(14:50-52), 수제자 베드로까지 예수를 부인하게 되었다(14:66-72). 마가복음은 마지막 결론에서도 이런 부정적인 제자직을 위한 회복의 가능성에 대한 어떤 언급도 없이 끝맺고 있다.[161]

여기에 반하여 마태복음의 제자는 대체로 부정적이긴 하지만 마가복음에서처럼 철저하게 부정적이지는 않다.[162] 이들에 비하여 누가복음의 제자는 상당히 긍정적이다. 누가복음은 마가복음에 나타난 제자들에 대한 부정적 요소들을 대폭 생략하거나 수정하였다. 예를 들면 마가복음에서는 제자들이 예수의 비유를 들어도 깨닫지 못하지만(막 4:13), 누가복음에서는 이런 제자들에게 예수는 비유의 핵심을 잘 설명해 주고 있다(눅 13:18). 또한 제자들이 깨닫지 못하는 것을 경멸하는 용어인 '둔하다'(막 6:52, 8:17)는 말을 누가복음은 생략하고 있다(눅 14:32, 16:9). 그러므로 누가복음의 제자들은 비록 지금은 다 깨닫지 못하지만 서서히 깨달아 가는 사람들이다.[163] 이들이 온전한 깨달음을 얻는 단계로 들어서게 되는 때는 예수의 부활

---

161) "마가복음의 제자직"을 참조. 본서에서는 비록 이런 부정적 요소들이 나타나지만 마가복음의 의도는 제자들을 부정적 시각으로만 보려는 것이 아니었다고 결론지었다.

162) 마 8:23-27, 14:15, 15:16, 17, 16:5-12, 17:16, 19, 19:13, 20:20-24, 26:36-46, 56 참조.

163) 눅 13:51, 16:12, 17:13.

이후이다. 이때 비로소 제자들은 자신의 역할을 감당하게 되었다.[164)]

이런 누가복음의 관점에서 제자들의 현재의 모습을 보면 그들이 아무리 부정적인 모습을 지니고 있다 하여도 마가복음처럼 부정적으로 평가할 수 없게 된다. 그들은 언젠가는 온전한 제자가 되기 때문이다. 그것이 누가복음이 가진 제자관이다.

1) 성장하는 자

누가복음에서만 예수의 성장이 묘사되고 있다. "예수는 지혜와 키가 자라가며 하나님과 사람에게 더욱 사랑스러워 가시더라"(눅 2:52)는 것이다. 예수의 성장을 말하기 위하여 누가복음은 그의 유년기 때 일어난 사건을 기록하고 있다(2:41-51). 예수는 하나님의 아들이지만 일반 사람들처럼 모든 면에서 성장한다는 것을 누가복음은 말하고 싶었던 것이다. 예수의 성장은 신체적 자라남에 국한되지 않고 지혜라는 지적 또는 영적 자라남도 있었던 것이다.

필로(Philo)는 인간의 성장과정을 세 단계로 설명하였다.[165)] 첫째는 시작 단계인 초보적 인간(ho arxomenos) 단계이다. 둘째는 점차적으로 진보하는 인간(ho prokoptōn) 단계이고, 셋째는 성숙의 인간(ho teleios) 단계이다. 이것을 예수의 삶에 대응시켜 보면 2장 41-52절은 필로의 초보적 인간과 진보하는 인간의 단계를 설명하는 부분에 해당한다고 볼 수 있다. 여기서 성장에 대한 중심어는 '자라다'(prokoptein)는 단어이다. 그리고 세 번째 성숙의 인간 단계는 13장 31-35절에서 찾을 수 있다. 예수는 자신의 삶의 마지막 단계를 다음과 같이 설명하고 있다.

---

164) 눅 17:9, 18:18-20, 19:28, 24:14, 27:64, 28:16-20.

165) C. H. Talbert, "Discipleship in Luke-Acts," *Discipleship in the New Testament*, ed., F. F. Segovia (Philadelphia: Fortress Press, 1985), 65.

> 너희는 가서 저 여우에게 이르되 오늘과 내일은 내가 귀신을 쫓아내며 병을 고치다가 제 삼 일에는 완전하여지리라 하라. 그러나 오늘과 내일과 모레는 내가 갈 길을 가야 하리니 선지자가 예루살렘 밖에서는 죽는 법이 없느니라(13:32-33).

예수는 자신의 죽음의 길을 '완전하다'(teleioumai)는 단어로 표현하고 있다. 이 말의 의미를 보다 정확히 설명하는 곳이 히브리서 2장 10절, 5장 8-9절이다. 이 구절에 따르면 예수가 완전해지는 때는 그의 십자가 죽음의 때이다. 그때가 하나님의 뜻이 완성되는 때이기 때문이다. 필로의 설명과 연관시킨다면 예수는 십자가 죽음에서 완전해짐으로 '성숙의 인간', 즉 완전한 인간이 되신 것이다.

이처럼 누가복음은 예수의 삶을 완전을 향하여 나아가는 하나의 과정으로 보았다. 예수가 그렇다면 예수를 따르는 제자들의 삶도 마찬가지라야 한다. 왜냐하면 예수는 "누구든지 자기 십자가를 지고 나를 따르지 않는 자도 능히 내 제자가 되지 못하리라"(14:27)고 말씀하셨기 때문이다.

이 점에서 누가복음은 제자들의 성숙의 과정을 잘 보여주고 있다. 누가복음의 제자들은 하나님의 섭리를 따르는 동시에 인간의 욕구를 따르는 이중적 구조 속에 있었다. 이런 내적 분리는 제자들의 여러 행동에서 그대로 나타나고 있다. 이런 이중적 상황을 가장 잘 드러낸 부분이 22장 1절-24장 55절이다. 여기서 수제자 베드로는 주님과 함께 하는 자(22:28, 23:49)이지만, 반면에 자신이 더 크고자 노력하는 자(22:24-34)로도 나타난다. 그는 거짓 확신에 차 있었으며(22:33), 예수의 말을 오해하고(22:36, 38), 피곤 때문에 기도하지 못하고 잠을 잤으며(22:45), 마지막에는 예수를 부인하고 도망하였다(22:54-62, 23:49). 그럼에도 불구하고 누가복음이 예수의 제자들에 대해 내리는 마지막 평가는 부정적이지 않고 긍정적이다. 이들은 부활 후 엠마오 도상에서 예수를 만나 새로운 증인으로 예루살렘으로 돌아왔으며(24:25-27, 32, 44-49), 마침내 영적 성숙을 이루게 되었다. 그것을 24장 52절에서 '경배'라는 용어로 설명하고 있다. "그들이 그에게 경배하고 큰 기쁨으로 예루살렘에 돌아가 늘 성전에서 하나님을 찬송하니라"(24:52-53)는 것이다.

이 마지막 구절은 제자들이 예수의 모든 사역을 승계하고 있음을 보여 주고 있다. 제자들은 예수가 누구인지를 완전히 깨달은 자가 되었던 것이다.[166] 그것을 누가복음은 두 단어로 설명하고 있다. 그 중 하나는 '경배하다'라는 표현이다. 이 단어는 신에 대한 온전한 헌신을 나타내는 말이다. 그렇다면 예수의 부활을 경험한 제자들은 예수가 누구인지 온전히 깨닫고 그를 하나님과 같은 분으로 경배하게 되었던 것이다.

다른 하나는 '큰 기쁨'이라는 표현이다. 여기서 기쁨은 단순한 인간적 기쁨이 아니라 종말론적 잔치에서만 맛보는 천상의 기쁨이다. 그것은 제자들의 삶에 하나님 나라가 이미 성취되었다는 것을 의미한다. 누가복음은 그것을 단순한 기쁨이 아닌 '큰 기쁨'이라고 표현하였다.

제자들의 사역의 완성됨을 누가복음은 그들이 예루살렘에 돌아와서 거기서 늘 하나님께 찬송을 드렸다는 표현으로 나타내고 있다. 결국 누가복음의 제자들은 갈등이라는 미성숙으로 시작하였지만 마지막에는 예수를 온전히 깨닫는 완전한 제자로 끝나고 있다. 예수의 제자들은 스승인 예수와 같이 초보적 제자에서 진보하는 제자로, 진보하는 제자에서 성숙의 제자로 발전되었다. 이런 제자들의 성숙은 끝남이나 마침이 아니라 새로운 세계로 연결되고 있다. 그것이 사도행전에 나타나고 있는 제자들의 삶이다.

---

166) J. D. Kingsbury, *Conflict in Luke* (Minneapolis: Fortress Press, 1991), 139.

'성장'이라는 관점에서 보면 누가복음의 제자직과 마태복음의 제자직은 서로 유사성이 있어 보인다. 마태복음에서는 이 '성장'을 '가능성'으로 설명하고 있다.[167] 마태복음에서 제자들을 가능성의 존재로 본 것은 교육적인 측면에서 제자들을 보았기 때문이다. 제자들이 비록 지금은 예수에 대하여 잘 인식하지 못하여 실수를 하지만 예수의 말씀을 배우고 행하면 이런 한계에서 벗어날 수 있다는 것이다. 결국 제자들은 교육을 통하여 더 온전한 상태로 나아갈 수 있는 것이다. 그렇다고 그들이 온전함에 이른다는 것은 아니다.

누가복음은 제자들의 성장이 온전함에 이른다고 말한다. 그 증거는 앞에서 지적한 대로 두 가지이다. 그중 하나는 제자들의 모범인 예수께서 "제 삼일에는 완전하여지기" 때문이며(13:32), 다른 하나는 예수의 부활 후 제자들도 온전한 '경배'와 '큰 기쁨'을 소유하기 때문이다. 그렇다면 누가복음이 말하는 제자들의 성장이 훨씬 그 강도가 큰 것이다. 왜냐하면 그것은 교육적 개념이 아니라 존재적 개념이기 때문이다.

2) 예수의 증인

누가복음의 제자는 예수의 사역을 대신하는 자이다. 이 표현을 다르게 말하면 제자는 예수가 없는 지금, 여기서 성령에 힘입어 예수를 대신하는 사람이라는 것이다. 그렇다면 제자의 모든 삶은 예수를 나타내는 것이다. 그것을 누가는 '예수를 증언하는 자'로 규정하고 있다. 누가복음은 복음서를 마무리 하면서 부활한 예수가 제자들에게 한 마지막 명령을 소개하고 있다. 그 마지막 명령은 "너희는 이 모든 일의 증인이라"(24:48)는 것이다. 여기서 말하는 '모든 일'

---

167) 2장의 "가능성의 존재로써의 제자" 부분을 참조.

이 무엇인지는 그 앞 절(24:46-47)에서 설명하고 있다.

> 또 이르시되 이같이 그리스도가 고난을 받고 제 삼 일에 죽은 자 가운데서 살아날 것과 또 그의 이름으로 죄 사함을 받게 하는 회개가 예루살렘에서 시작하여 모든 족속에게 전파될 것이 기록되었으니

위 본문에 따르면 제자들이 증언해야 할 것은 세 가지이다. 첫째, 예수의 고난과 죽음에 대한 선포, 둘째, 예수의 부활에 대한 선포, 셋째, 예수의 이름으로 죄 사함을 받게 하는 회개의 선포이다. 첫 번째와 두 번째 증언은 초대교회의 케리그마(kerygma) 중 하나이다.[168] 케리그마는 바울이나 다른 복음서 기자들이 고백한 공통된 핵심적 신앙 내용들로 구성되어 있다. 그러나 세 번째 선포는 특히 누가의 작품에서 나타나는 특징 중 하나이다. 죄 사함과 회개의 선포는 제자가 예수를 대신하여 지금, 여기서 행하는 구원의 사역이다. 그러므로 누가복음은 예수의 제자가 증언해야 할 것은 초대교회의 케리그마와 더불어 회개를 통하여 예수의 이름으로 죄 사함을 선포하는 것이라고 힘주어 말한다.

특히 이런 증언의 사역은 사도행전에서 강조되고 있다. 부활한 예수는 승천하기 전 제자들을 모으고 그들에게 "오직 성령이 너희에게 임하시면 너희가 권능을 받고 예루살렘과 온 유대와 사마리아와 땅 끝까지 이르러 내 증인이 되리라"(행 1:8)고 하였다. 이런 명령에

---

168) R. P. Martin, "Center of Paul's Theology," *Dictionary of Paul and His Letters,* ed., G. F. Hawthorne, R. H. Martin, D. G. Reid (Downers Grove: InterVarsity Press, 1993), 92-95. 다드(C. H. Dodd)의 분석에 따르면 케리그마는 그리스도를 통하여 완성된 세대, 예수의 권능과 설교, 예수의 십자가 죽음, 부활, 고양, 재림 약속, 회개의 촉구, 용서의 은혜 등으로 구성되어 있다. 정태현 편역, 《성서비평사전》, 253-254 참조.

따라 제자들이 죄 사함과 회개를 선포한 책이 사도행전이다.[169]

'증인'(martus)이라는 말은 세 가지 중요한 의미를 지니고 있다. 첫째, 증인은 증언하는 자인 예수의 사상을 바로 전해야 한다. 누가복음에 나타난 예수의 사상의 특징은 구원의 보편성이다. 그것은 예수의 갈릴리 선교 시작을 선언하는 이사야 40장 3절에서 잘 나타나고 있다(4:18-19). 이런 특징은 엘리야 시대의 사렙다 과부 이야기(4:26), 엘리사 시대의 수리아 사람 나아만 이야기(4:27)에서 더 발전되고 있다. 이들 모두는 이방인이었지만 그들도 구원의 대상이었던 것이다. 그것은 이방인들을 포함하는 하나님의 은혜의 보편성을 보여주는 것이다.[170] 이후에 사도행전에서는 제자들이 땅 끝까지 복음을 전하는 자로 소개되는 것도 이 구원의 보편성을 나타내는 것이다.

둘째, 증인에게는 구체적인 행위가 요구된다. '선한 사마리아인의 비유'(10:25-37)에서 예수가 궁극적으로 요구하는 것은 사랑이 무엇인가라는 이론이 아니라 사랑하는 행동이다. 율법학자의 물음은 "내가 무엇을 하여야 영생을 얻으리이까"(눅 18:25)라는 질문이었다. 그들이 이렇게 물은 것은 그 방법을 몰라서가 아니라 예수를 시험하기 위함이었다. 예수는 이런 이들에게 대답 대신 "너희들이 이미 알고 있는 율법에서 무엇이라고 말하고 있느냐"라고 역으로 질문하였다. 이에 대한 그들의 대답은 정확하였다. 그들이 알고 있는 영생을 얻는 법은 두 가지 사랑의 계명이었던 것이다(10:27). 그때 예수의 대답은 오로지 '그대로 행하라'는 것뿐이었다. 그럼에도 불구하고 이들은 예수에게 사랑해야 할 이웃이 구체적으로 누구인지를 다시 묻고 있다. 여기서 율법학자는 행동으로 옮기는 자가 아니라 끊임없는 질문으로 자신들의 생각을 정당화하는 자로 나타난다.

---

169) 행 1:22, 2:32, 34:15, 5:32, 10:39-41, 16:31, 22:15, 26:16, 22 참조.

170) Longenecker, op. cit., 57-59.

그러나 예수는 비유를 통하여 영생은 질문과 대답 그리고 토의로 얻어지는 것이 아니라 구체적인 실천에 있다는 것을 분명하게 설명하고 있다. 예수의 비유의 마지막 권면도 동일한 주제로 끝맺고 있다. "예수께서 이르시되 너도 이와 같이 하라"(18:37)는 것이다.

누가복음이 말하는 제자직의 중요한 특징 중의 하나는 '바른 행동'을 하라는 것이다. 누가복음에서 쉼 없이 제기되는 "내가 무엇을 하여야 하리이까"(3:10, 12:17, 18:18)하는 질문에 대한 한결같은 대답은 '바른 행동'을 하라는 것이다. 세례 요한은 무리들에게 두 벌 옷은 옷이 없는 자에게 나누어 줄 것을 명령하였고(3:10), 예수는 곡간에 쌓은 곡식은 더 쌓으려 하지 말 것을 경고하였으며(12:17), 궁극적으로 영생은 사랑을 행하는 것으로 결론짓고 있다(18:18-27).

셋째, 증인은 '순교자'(martyr)의 길을 가는 것이다. 증인과 순교자는 동의어이다. 그것은 증인의 삶이 대부분 순교자의 삶으로 끝났기 때문이다. 누가의 작품에서 제자들을 증인으로 규정하고 있는 것은 누가 공동체가 그만큼 심각한 시련이나 핍박 속에 있다는 간접적인 증거이다. 예수를 증거하는 증인이 된다는 것은 당시의 상황으로는 단순한 사상이나 종교를 전파하는 이상의 의미가 있었던 것이다. 그것은 순교를 각오해야하기 때문이다. 이 점에서 콘첼만(H. Conzelmann)은 누가교회를 '고난 속에 있는 공동체'(ecclecia pressa)라고 명명하였다.[171)]

이런 맥락에서 증인은 단순히 자신이 보고 들은 것을 전하는 것이 아니라 증언하는 그분의 삶에 동참하는 자이다. 그러므로 증인은 입으로 전하는 사람이 아니라 자신의 삶으로 전하는 사람이다. 증인의 최종적 결과는 말이 아니라 행동에 있다. 그 행동은 증인이 증언하는 예수 그리스도의 행동과 동일한 것이어야 한다. 누가복음이 전

171) H. Conzelmann, op. cit., 209.

하는 예수 그리스도의 마지막 모습은 "이 사람은 정녕 의인이었도다"(24:27)는 백부장의 고백에서 나타나고 있다. 예수도 하나님의 뜻을 구체적인 행위로 실천하다가 십자가에서 순교한 순교자였다. 그렇다면 그 예수를 증언하는 제자들도 예수와 같이 신실한 순교자적인 의인이어야 한다. 의인은 신실한 행동이라는 삶으로 증언하는 증인이다. 예수와 같이 증인된 그의 제자도 순교로 자신의 삶이 끝날 수 있다는 것을 예상해야 한다. 그런 사람이 제자이다.

3) 예수를 모델로 삼는 자

앞에서 지적한 대로 누가복음이 증거하는 예수의 구원은 '오늘' 우리에게 나타나는 구체적인 역사적 사건이다. 예수가 이 땅을 떠난 후에는 이런 현재적 구원 사건이 성령을 통하여 제자들에 의해 행해지고 있다. 이 점에서 누가복음의 제자는 예수의 사역을 현재화하는 사람이다. 그러므로 제자의 모든 사역은 예수로부터 온 것이며, 제자의 사역은 예수의 사역을 담당하는 것이다. 다시 말해서 예수는 제자의 모범(archēgos)이다.[172] 6장 40절에서 그것을 잘 표현해 주고 있다. 예수는 "제자가 그 선생보다 높지 못하나 무릇 온전하게 된 자는 그 선생과 같으리라"고 말씀하였다. 예수가 말하는 '온전한 제자'는 모든 것이 완전한 사람이라는 의미가 아니라 선생과 꼭 닮은 사람이라는 뜻이다. 따라서 참된 제자의 판단 기준이 모범인 선생과 얼마나 많이 닮았느냐에 달려 있는 것이다.

제자가 그 스승과 닮기 위해서는 먼저 스승인 예수에게 전적으로 드려져야 한다.[173] 그것은 단순히 마음으로 드려진다는 것을 넘어서

172) Talbert, op. cit., 64.

173) 전적으로 드려 진다는 것을 눅 14:26-27에서 아래와 같이 설명하고 있다. "무릇 내게 오는 자가 자기 부모와 처자와 형제와 자매와 더욱이 자기 목숨까지 미워하지

구체적인 삶으로 드러져야 하는 것이다. 누가는 그것을 '십자가를 지고 나를 따르는 것'(14:27)으로 설명하고 있다. 모델을 닮는다는 것은 단순히 모델의 모습이나 사상을 닮는다는 것이 아니라 그 삶 자체를 닮는다는 의미이다. 예를 들어, 맑스주의자(Marxist)와 예수의 제자와의 근본적인 차이점을 들 수 있다.[174] 전자는 맑스의 삶을 따르는 자가 아니라 그의 사상을 따르는 자를 지칭할 때 사용되지만 후자는 예수의 사상만을 따르는 자를 지칭하는 데 사용하지 않는다. 제자, 보다 폭넓게 말하면 기독인은 예수의 사상만 따르는 자가 아니라 오히려 그의 삶을 따르는 자이다. 사상은 보는 사람에 따라 다르게 해석될 수 있기에 잘못된 방향으로 나아가는 경우가 생길 수도 있다. 예수의 제자 베드로가 그 대표적 예이다. 베드로는 예수를 그리스도로 고백하였지만 그는 예수의 삶을 따르는 데 실패하였다. 예수의 삶을 따르는 데 실패한 고백은 결국 잘못된 고백이 되는 것이다.

이 점에서 누가복음이 말하는 스승 예수를 모델로 삼아 그를 따르는 제자의 삶은 예수의 십자가의 길로 구체적으로 따라가는 것이다. 그런 삶을 따른 대표적 예를 누가복음은 제시해 주고 있는데 그가 구레네 시몬이다. 그는 예수의 십자가를 구경하다가 병정들에게 붙잡혀 예수의 십자가를 지게 되었다. 누가복음은 이 사건을 "그에게 십자가를 지워 예수를 따르게 하더라"(23:26)고 기록하고 있다. 여기서 중요한 점은 '십자가를 지다'라는 말과 '예수를 따르다'는 말이 병행구로 나온다는 것이다. 후자인 '예수를 따르다'는 말은 제자직을 나타내는 전문용어이다. 그렇다면 누가복음이 말하는 제자직

아니하면 능히 내 제자가 되지 못하고 누구든지 자기 십자가를 지고 나를 따르지 않는 자도 능히 내 제자가 되지 못하리라."

174) 이 두 차이점에 관하여는 한스 큉, 《왜 그리스도인 인가》(왜관: 분도출판사, 1982), 32-39 참조.

은 '십자가를 지는 것' 임을 알 수 있다. 그 십자가를 지는 사건은 과거에 일어난 한 번의 사건이 아니다. 누가복음은 십자가를 지는 사건이 믿는 자 모두에게 현재적 사건임을 강조하고 있다. 그것을 누가는 '날마다' (kath′ ēmeran)라는 용어로 표현하였다.

9장 23절에 보면 예수는 무리들, 즉 제자들에게 말하기를 "아무든지 나를 따라오려거든 자기를 부인하고 날마다 제 십자가를 지고 나를 따를 것이니라"고 말씀하셨다. 같은 평행구절인 마태복음(16:24)과 마가복음(8:34)과 비교해 보면 모든 구절이 동일하지만 한 단어만 누가복음은 다르게 표현하고 있다는 것을 알 수 있다. 그것이 '날마다' 라는 단어이다. 이 단어는 신앙이란 매일의 기독인의 삶에 도전하는 현실적인 사건임을 강조하기 위하여 누가가 편집한 용어이다.[175]

누가복음은 이 용어를 통하여 누가복음의 중요한 신학적 성격을 드러내고 있다. 첫째는 누가복음이 말하려는 십자가를 지는 사건은 과거적이거나 한 번의 사건이 아니라는 것이다. '날마다' 라는 표현에서 제자들이 져야 할 십자가는 현재적 사건인 동시에 반복되는 사건임을 말하고 있다.

둘째는 이런 십자가 사건은 특수한 사건이 아니라 일상적인 사건이라는 것이다. '날마다' 져야 할 십자가는 일상적일 수밖에 없다. 일상적이지 않는 십자가는 날마다 질 수 없기 때문이다. 물론 스승인 예수가 진 십자가는 특별하고 유일한 사건이지만 제자들이 지는 십자가는 그렇지 않다. 만약 제자들이 져야할 십자가가 일상적이지 않다면 그들은 십자가를 질 수가 없을 것이다. 그런 십자가는 제자들의 일생에 한번 혹은 한 번도 질 수 없을 수도 있기 때문이다. 이

175) J. A. Fitzmyer, *The Gospel According to Luke* I–IX (New York: Doubleday & Company, 1981), 787–788.

럴 경우에는 예수가 제자들의 모델이 될 수 없게 된다. 모델은 현실적이고 구체적이어야 하기 때문이다. 예수는 구체적인 삶에 대한 제자들의 모델이다.

누가복음에 나타나는 예수의 구체적 모델을 찾아보면 다음과 같다.[176)]

1. 타인을 사랑하고 돕는 일(선한 사마리아 비유, 10:25–37).
2. 기도(간구하는 친구, 11:5–13, 간구하는 과부, 18:1–8).
3. 재산과 참된 부(어리석은 부자, 12:13–34, 부자와 나사로, 16:19–31).
4. 하나님을 섬김(열매 없는 무화과나무, 13:1–9, 하나님을 섬기는 바른 태도, 17:7–10, 열 므나 비유, 19:11–27).
5. 하나님에 대한 바른 응답(큰 잔치 비유, 14:15–24, 부자와 나사로, 16:19–31).
6. 잃은 자에 대한 하나님의 사랑(잃은 양 비유, 15:1–7, 잃어버린 동전, 15:5–8, 탕자의 비유, 15:11–32).
7. 겸손(바리새인과 세리, 18:9–14, 14:7–14).
8. 일에 대한 지혜로움(교활한 청지기 비유, 16:1–12).

스승 예수가 보여준 모습은 추상적이며 초월적인 가르침이나 특별한 행동이 아니다. 그가 보여 준 것은 누구나 지금, 여기서 행할 수 있는 일상적 삶이었다. 그렇다면 진정한 제자는 구레네 시몬과 같이 모델인 예수의 '뒤에서'(opisthen, 23:26) '날마다' 따라 가는 자이다. 베드로전서의 기록과 같이[177)] 제자는 본을 따르는 자이다.

---

176) R. N. Longenecker, "Taking Up the Cross: Discipleship in Luke–Acts," *Patterns of Discipleship in the New Testament,* ed., R. N. Longenecker (Michigan: Eerdmans, 1996), 66–67.

177) 벧전 2:21에서 "이를 위하여 너희가 부르심을 받았으니 그리스도도 너희를 위하여

그것도 '날마다' 본이 되시는 예수를 '뒤에서'(opisō) 따르는 것이다(9:23).

4) 길 위에서 예수를 따르는 자

누가복음은 특별히 지리적 상황에 관심을 두고 있다. 예루살렘은 언제나 예수의 선교의 중심지였다. 예수는 공생애의 여정 대부분을 예루살렘으로 향하는 것으로 삼았고(9:51-19:27), 부활 후에도 마가복음과는 달리 제자들은 예루살렘에서 부활한 예수를 만나 세계 선교의 사명을 받았다(24:36-53).

이런 지리적 과정에서 누가복음이 강조한 단어는 '길'(hōdos)이다. 제자직이 무엇인지를 밝히는 대표적 예인 9장 57-62절에서 누가복음은 그 첫 구절을 "길 가던 때에"로 시작하고 있다. 그것은 평행절인 마태복음 8장 19절과 비교해 보면 알 수 있다. 누가복음만 어떤 사람이 예수에게 제자직에 관하여 물었을 때가 "길 가던 때"였다고 말하고 있다. 그 이유는 제자직과 길이 깊이 연관되어 있기 때문이다.[178]

사도행전을 보면 예수의 구원을 여러 번 '길'(hōdos)로 표현하고 있다.[179] 그렇다면 누가가 말하는 구원은 '도'(道), 즉 '길'이고, 제자는 그 길을 따르는 자이다. 이것은 앞에서 지적한 대로 제자는 모델인 예수를 따르는 자라는 사실과 무관하지 않다. '길'은 먼저 간 자

고난을 받으사 너희에게 본을 끼쳐 그 자취를 따라오게 하려 하셨느니라"고 하였다. 여기서 스승은 '본'이 되고 제자는 그 본의 자취를 따르는 자로 정의하고 있다.

178) M. J. Wilkins, "Discipleship," *Dictionary of Jesus and the Gospels,* ed., J. B. Green, S. Mcknight, I. H. Marshall (Downers Grove: InterVarsity Press, 1992), 184-185. 여기서 윌킨스는 누가복음의 제자를 "값비싼 길을 따르는 자들" (Luke: Followers on the Costly Way)로 규정하고 있다.

179) 행 9:2, 19:9-23, 22:4, 24:22, 24. 사도행전은 이 "길"을 "도"(道)로 번역하고 있다.

가 있기 마련이고, 그가 선생이며 본이신 예수이다. 제자는 본이 되시는 예수가 간 그 길을 따라가는 자이다. 이 점에서 제자는 선생의 발자취를 따라 가는 도상의 나그네인 셈이다.

이 길을 따라가는 자에게 요구되는 것은 오직 믿음이다.[180] 누가가 말하는 믿음은 내적 신뢰나 헌신이 아니라 임금이고 주인이신 예수에 대한 전적인 헌신을 의미한다(14:25-33). 여기에는 가족(14:26), 재산,[181] 자신의 생명(14:26)뿐만 아니라, 그 외에 어떤 것(14:33)도 예수를 따르지 못하게 하는 조건이 되지 못한다. '길' 위에 서 있는 제자는 예수가 가신 그 길을 온전히 따르는 도상에 있기 때문이다. 제자들은 구원의 길(the way of salvation)에 들어온 자이며, 그 길을 따라 걸어가야 하는 사람이다. 이 길 위에 있는 제자들에게는 정착하며 사는 사람들이 가지고 있는 소중한 것들이 더 이상 의미가 없다. 그들은 앞에서 지적한 대로 '날마다' 그 길을 걸어야 한다. 그것은 매일 자신을 부정하는 것이며, 매일 십자가를 지는 것이며, 매일 길 되신 예수의 발걸음을 따라가는 것이다.[182]

도상에서 길이신 예수의 발자취를 매일 따라가는 제자들의 삶에는 구체적인 열매가 있게 된다. 포괄적인 의미에서 그것은 매일의 십자가를 지는 것이다(9:23-27). 보다 구체적인 의미로 해석하면 그것은 원수까지 사랑하는 것이며(6:27-36), 다른 사람을 비판하지 않고 용서하는 것이다(6:37-38). 그리고 이런 열매를 얻기 위하여 필요한 것은 섬기는 일(22:24-30), 기도하는 일(10:2, 11:1, 18:1-8), 그리고 증언하는 일이다.[183]

그렇다면 누가가 말하는 제자는 '도상에서 예수를 따르는 값' (the

---

180) 눅 7:50, 8:48, 17:19. Wilkins, op. cit., 185.

181) 12:13-21, 16:10-13, 14-16, 19-31.

182) 눅 9:23, 막 8:34 참조.

183) 눅 9:1-6, 10:1-12, 12:8-12, 14:23-24, 24:44-49.

cost of following Jesus on the way)을 치르는 사람이라고 말할 수 있을 것이다.[184] 당시로 보면 제자가 된다는 것은 직업을 바꾼다거나, 새로운 사상에 헌신한다거나, 어떤 정치적 부류에 입당하는 것이지만[185] 누가복음이 말하는 제자는 참된 길인 예수를 매일의 삶으로 따라 나서는 것이다. 이때 그 어떤 것도—가정적이든, 종교적이든, 민족적이든, 경제적이든—그 길을 따르는 데 방해가 될 수 없기에 온전하고도 값비싼 헌신만이 요구되는 것이다.

184) Wilkins, op. cit., 185.

185) Ibid.

5. 현재적 관점에서 본 누가복음의 제자직

지금까지 논의한 것 같이 누가복음의 주된 관심은 날마다 그리스도의 제자로 사는 것이다. 그렇다고 누가복음은 이런 예수의 제자들에 대하여 특별한 태도나 행동에 대한 구체적 목록을 만든 것은 아니다. 누가복음은 그냥 예수의 모습을 묘사할 뿐이었다. 그리고 사도행전에서는 초대교회의 선교에 나타난 여러 제자들-베드로, 바울-의 삶에 반영된 예수의 모습들을 그리고 있다. 이를 통해 누가복음이 원했던 것은 어떤 특정한 시대와 상관없이 일상의 삶에서 드러나는 참된 예수의 제자직에 관한 가르침을 주는 것이다. 그럼에도 롱게너커(R. N. Longenecker)는 누가복음이 전해주는 제자직에 관한 현실적이고 구체적인 규범들을 아래와 같이 정리하고 있다.[186)]

첫째, 제자직은 예수 그리스도가 인간 구속을 위하여 무엇을 실행하였는지에 기초하여야 한다.

둘째, 제자직은 항상 사도들의 전승에 의하여 만들어지고 근거하여야 한다.

셋째, 제자직은 하나님만을 의지하고 그의 뜻에 순복하여야 한다. 그것을 위하여 필요한 것은 기도이다.

넷째, 제자직은 언제나 성령의 힘과 임재를 인식하여야 한다.

다섯째, 제자직은 예언자적 선포 안에 있어야 하는데 그 선포의 중심은 예수의 사역이어야 한다.

여섯째, 제자직은 사상이나 행동에 있어서 하나님의 은혜와 복음이 보편적이라는 점을 잊지 말아야 한다.

일곱째, 제자직은 예수에 대한 헌신 이외에 어떤 다른 대상에 대

186) Longenecker, op. cit., 74-75.

한 헌신도 허락하지 않는 삶의 태도를 지녀야 한다.

여덟째, 제자직은 가난한 자, 갇힌 자, 장님, 그리고 억눌린 자 등 소외층에 관심을 두어야 한다.

아홉째, 제자직은 예수와 사도 중 특히 바울에게 나타난 섬김, 기도 그리고 십자가를 지는 삶을 모델로 삼아야 한다.

열 번째, 제자직은 자신의 믿음과 행위 모두가 발전하는 삶이 되어야 한다.

이 점에서 누가복음의 제자직은 다른 복음서의 제자직보다 구체적이고 현실적이다. 그것은 '오늘'에 초점을 두고 있기 때문이다. 예수가 말한 그 '오늘'은 우리가 사는 '오늘'도 되기 때문이다. 지금, 여기서 모델인 예수의 길을 구체적으로 따르는 자, 그를 통하여 예수의 사역이 현재화되게 하는 자가 누가복음이 말하는 진정한 예수의 제자이다. 그들이 현재화해야 할 예수의 사역은 지금 여기서 처한 현장에서 장애와 한계로 인해 고통 받는 저들을 고쳐주고 풀어주는 일이며, 죄의 굴레에 얽매인 인간들을 해방시켜 구원해 주시는 예수의 복음을 오늘의 삶의 현장 속에서 구현해 나가는 것이다. 그것은 다름 아닌 예수의 이름으로 구체적인 해방의 역사를 만들어 나가는 것이다.

||||| 제4장 |||||

요한복음의 제자직: '양 돌봄'과 '증언'을 승계받은 자

신약성서에 나오는 제자직에 관한 연구는 특히 마가복음 연구를 통해 활발하게 논의되었다.[187] 이 마가복음의 제자직에 관한 연구는 다른 공관복음서 연구에도 영향을 주었다. 그러나 상대적으로 요한복음 연구에서는 제자직에 관한 논의가 많지 않았다. 많은 신학자들은 요한복음의 중심 주제를 기독론으로 보았으며, 이 기독론을 중심하여 종말론, 구원론, 교회론, 성령론 등을 취급하였다.[188] 최근에는 이런 기독론에서 시작한 요한복음 연구가 교회론으로 그 관심을 전

---

187) T. J. Weeden, Jr., Mark–Traditions in Conflict (Philadelphia: Fortress Press, 1971); idem, "The Conflict Between Mark and His Opponents Over Kingdom Theology," in *SBLASP,* 1973 (2 vols.; ed. G. MacRae; Cambridge, Mass.: Society of Biblical Literature, 1973), 2: 203–41; E. Best, "Discipleship in Mark: Mark 8.22–10. 52," *SJT* 23 (1970), 323–37; idem, "The Role of the Discipleship in Mark," *NTS* 23 (1976-77), 377–401; idem, *Following Jesus : Discipleship in the Gospel of Mark* (JSNTSup 4; Sheffield: JSOT Press, 1981). R. C. Tannehill, "The Disciples in Mark: The Functions of a Narrative Role," *JR* 57 (1977), 386–405 참조.

188) R. Kysar, *John, the Maverick Gospel* (Atlanta: John Knox Press, 1979) 참조.

환하는 경향을 나타내고 있다.[189] 이런 점에서 요한복음의 제자직에 관한 연구는 독자적인 주제로 연구되기보다는 기독론이나 교회론적 관점에서 연구되어 왔다.[190]

본 장에서는 요한복음의 중심 주제를 제자직으로 보고 그 제자직을 익명성이라는 관점에서 새롭게 조명해 보고자 한다.

---

189) E. Schweizer, "Der Kirchenbegriff im Evangelium und den Briefen des Johannes," *SE* I(Berlin: Akademie-Verlag, 1959), 363-81; C. F. D. Moule, "The Individualism of the Fourth Gospel," *NovT* 5 (1962), 171-90; S. Pancaro, "People of God' in St. John's Gospel," *NTS* 16 (1967-68), 114-29; K. Haacker, "Jesus und die Kirche nach Johannes," *TZ* 29 (1973), 179-201; S. Pancaro, "The Relationship of the Church to Israel in the Gospel of John," *NTS* 21 (1975-76), 395-405; J. F. O'Grady, "Individualism and Johannine Ecclesiology," *BTB* 5 (1975), 227-61 참조.

190) 최근 요한복음의 제자직에 관한 연구로는 Leslie Glenn Hughes Jr., "A Literary Analysis of the Role of the Jewish Leadership in the Fourth Gospel" (Ph. D. diss., New Orleans Baptist Theological Seminary, 1994); Eduard Schweizer, Lordship and Discipleship, *Studies in Biblical Theology,* ed. H. H. Rowley et al., no. 28 (London: SCM Press. 1960); Marinus de Jonge. "The Fourth Gospel: The Book of the Disciples." in *Jesus: Stranger from Heaven and Son of God* (Jesus Christ and the Christians in Johannine Perspective. ed. and trans. John E. Steely. Society of Biblical Literature Sources for Biblical Study. ed. Wayne A. Meeks. no. 11 (Missoula, MT: Scholars Press. 1977), 1-27. Jeffrey Siker-Giesler. "Disciples and Discipleship in the Fourth Gospel: A Canonical Approach." Studia Biblica et Theologica 10 (1980): 199-227; Mary Margaret Pazdan. "Discipleship as the Appropriation of Eschatological Salvation in the Fourth Gospel"(Ph. D. diss., University of St. Michael's College, 1982); Charles A. Ray, Jr., "The Concept of Discipleship in the Johannine School" (Th. D. diss., New Orleans Baptist Theological Seminary. 1983); Fernando Segovia, "'Peace I Leave with You: My Peace I Give to You': Discipleship in the Fourth Gospel." in *Discipleship in the New Testament* (Philadelphia: Fortress Press. 1985); Michael J. Wilkins. *Following the Master: A Biblical Theology of Discipleship* (Grand Rapids: Zondervan Publishing, 1992); Melvyn R. Hillmer, "They Believed in Him: Discipleship in the Johannine Tradition," in *Patterns of Discipleship in the New Testament,* ed.

1. 요한복음의 중심 주제

요한복음이 최종적으로 편집될 때의 상황을 페린(N. Perrin)은 세 가지로 정리하고 있다.[191] 첫째는 예루살렘 성전의 파괴(A. D. 70)이다. 페린은 "만일 그를 이대로 두면 모든 사람이 그를 믿을 것이요 그리고 로마인들이 와서 우리 땅과 민족을 빼앗아 가리라"(11: 48)는 구절에 근거하여 요한복음이 예루살렘의 파괴 이후에 저작된 것으로 보고 있다.

둘째는 재림의 지연에 대한 새로운 해석이다. Q 공동체나 마가복음에서는 재림의 임박성이 강조되지만 마태복음과 누가복음에서는 이런 임박성이 수정되고 있으며 요한복음에서는 예수의 재림이 현재성으로 재해석되고 있다.[192]

셋째는 유대 회당과의 충돌이다. 요한복음에서만 '회당과의 결별'이 언급되고 있다.[193] 이것은 역사적으로 볼 때 얌니아 회의(A.

Richard N. Longenecker (Grand Rapids: William B. Eerdmans Publishing. 1996); Raymond F. Collins. *These Things have Been Written: Studies on the Fourth Gospel. Louvain Theological and Pastoral Monographs.* no. 2 (Louvain: Peters Press: Grand Rapids: William B. Eerdmans Publishing, 1990), 49–55; Andreas Johannes K???stenberger. "The Missions of Jesus and the Disciples according to the Fourth Gospel: With Implications for the Fourth Gospel's Purpose and the Mission of the Contemporary Church"(Ph. D. diss., Trinity Evangelical Divinity School. 1993); Wes Howard-Brook, *Becoming Children of God: John's Gospel and Radical Discipleship, The Bible and Liberation Series* (Maryknoll, NY: Orbis Books. 1994); William E. Knight Jr., "Defining Discipleship in The Fourth Gospel: A Narrative Gospel: A Narrative Analysis of The Motif for The Implied Reader" (Ph. D. diss., New Orleans Baptist Theological Seminary, 2001) 참조.

191) N. 페린, op. cit., (1991), 518–521.

192) C. H. Dodd, *The Interpretation of the Fourth Gospel* (Cambridge: Cambridge University Press, 1953) 참조.

193) 9:22, 12:42, 16:2 참조.

D. 90) 이후의 일로 보인다. 이 회의의 결정 중 하나는 회당에서 암송하는 18기도문에 '나사렛 사람들'(그리스도인)과 '이교자들'(Minim)에 대한 저주문[194]을 삽입하기로 결정한 것이며 그 결과 유대교 안에 있던 유대기독인들이 유대교로부터 분리될 수밖에 없는 상황이 초래되었다.

첫 번째와 두 번째 경우는 초기 기독교에서 일반적으로 일어난 현상들이다. 예루살렘 파괴는 기독교가 더 이상 이스라엘과 예루살렘의 연관성 속에서 있어야 할 필요성을 상실하게 해 주었다. 더 나아가 그것은 기독교를 이스라엘을 넘어 이방의 세계로 나아가게 했으며 결과적으로 기독교를 세계적 종교로 전환하게 하는 계기를 마련해 주었다. 두 번째인 지연된 재림의 경우는 기독교의 내부 사상의 변화를 가져오게 하였다. 그것은 초대교회의 중심사상이었던 급박한 종말론에서 해방시켜 준 것이다. 기독교는 더 이상 급박한 종말론에 매여 현실을 도피하는 종교가 아니라 미래의 종말을 기다리지만 그 종말은 현재 여기라는 역사성을 지닌다는 것을 말하고 있다. 종말에 대한 현재적 이해는 예루살렘 성전 파괴와 마찬가지로 기독교를 긴 역사의 흐름 속에 있는 세계적 종교로 변화시키는 계기가 되었다.

세 번째 경우는 요한복음의 특별한 상황으로 말미암아 야기된 사건이다. 유대교 안에 있던 요한공동체는 더 이상 유대교 안에 있을 수 없게 되었다. '이교자들에 대한 저주문'이 모든 회당에서 낭송되는 순간부터 요한공동체는 유대교인이 되든지 아니면 기독교인이 되든지 둘 중 하나를 선택해야만 하였다. 이제까지는 요한공동체 구성원들은 기독교인이면서 유대교인으로 살아갈 수 있었다. 유대기독인들은 예수를 그리스도로 고백하면서 조상 대대로 믿어왔던 유대

---

194) 페린, op. cit., 521.

회당에서 예배를 드렸던 것이다. 그러나 이제는 더 이상 그럴 수 없게 되었다. 양자택일의 문제는 자연히 정체성 문제와 연관되었다.

요한공동체의 일반적인 경우와 특별한 경우 모두에 나타나는 공통점은 요한공동체의 정체성 위기라는 것이다. 예루살렘 성전의 파괴는 기독교가 구약성서에 나타난 하나님의 약속이라는 역사의 연속성 속에 있다는 믿음을 흔들었으며, 재림의 지연은 예수 부활 이후 생성된 초기 기독교의 가장 중요한 신앙 중심인 예수의 다시 오심에 대해 회의하게 하는 중대한 변화를 주었다. 그리고 회당과의 결별은 유대교라는 전통종교와 기독교라는 새로운 종교 사이에서 어느 편이 하나님의 계시의 중심인가를 선택해야 하는 결단을 요구 하였다. 결국 요한공동체는 정체성에 혼란을 일으키는 이런 세 가지 중요한 상황에 처해 있었으며 이런 상황에서 요한복음이 쓰인 것이다.

이 점에서 요한복음의 주제는 이런 정체성의 위기를 극복시키는 기독론, 즉 '예수가 누구인가' 로 볼 수 있을 것이다.[195] 그러나 정체성 위기에 대한 궁극적인 해답이 '예수가 누구인지' 를 말해 주는 기독론에 있는지 아니면 '예수가 누구인지를 인식하는 결과에 있는지' 는 논의해 보아야 한다. 전자라면 요한복음의 중심은 기독론이며, 후자라면 예수가 누구인지를 인식하는 사람들, 즉 '하나님의 자녀' 로 칭하는 제자직에 있게 된다.

흔히 요한복음 서론(1:1-18)을 요한복음 전체의 조감도로 보고 있다. 이 점에서 서론의 구조를 어떻게 보느냐에 따라 요한복음의 중심 주제가 결정 된다. 일반적으로는 서문의 주제를 14절에 나오는 "말씀이 육신이 되었다"는 '화육' (incarnation)으로 보고 있다. 불트만(R. Bultmann)은 이런 맥락에서 "요한복음의 전체 주제는 '말씀이 육신이 되었다' (1:14a)이다"라고 단정하였다.[196] 이렇게 볼 때 서

195) Kysar, op. cit., 46.

196) R. 불트만/허혁 역, 《신약성서 신학》(서울: 성광문화사, 1981), 401.

문의 중심은 기독론이 된다.

그러나 서문을 교차대칭구조(chiasmic structure)로 설명하는 많은 신학자들은 서문의 중심을 14절이 아닌 '하나님의 자녀'가 된다는 1장 12-13절로 보고 있다.[197] 하워드-부룩(W. Howard-Brook)은 이런 관점에서 요한복음의 서문을 아래와 같이 분석하고 있다.[198]

A. 1-5; 하나님과 창조 그리고 인간에 대한 로고스의 관계
　B. 6-8; 세례요한의 증언(부정적)
　　C. 9-11; 빛/로고스의 여정(부정적)
　　　D. 12-13; 하나님의 자녀가 되는 권세를 주심
　　C'. 14; 로고스의 여정(긍정적)
　B'. 15; 세례요한의 증언(긍정적)
A'. 16-18; 인간과 창조 그리고 하나님에 대한 로고스의 관계

하워드-부룩에 따르면 서문의 중심은 기독론이 아닌 하나님의 자녀가 된다는 제자직이며, 이 주제는 서문에 국한되는 것이 아니라 요한복음 전체의 주제가 되는 것으로 파악하였다. 이 점에서 그는 자신이 쓴 요한복음 주석의 명칭을《하나님의 자녀가 되는 것-요한복음과 철저한 제자직》(*Becoming Children of God-John's Gospel and Radical Discipleship*)이라고 붙였다.[199]

이런 의견에 관하여, 여러 다른 해석을 할 수 있겠지만, 두 가지 점에서 그 타당성을 찾을 수 있을 것이다. 첫째, 요한복음에서 말하

197) J. Staley, "The Structure of John's Prologue: Its Implications for the Gospel's Narrative Structure," *CBQ* 48 (1986), 241-264; M. E. Boismard, St. John's Prologue, (Westminster: Newman, 1957), 79-80 참조.

198) W. Howard-Brook, "John's Gospel's Call to Be Reborn of God." in *The New Testament-Introducing The Way of Discipleship* (New York: Orbis Books, 2002), 82.

199) Ibid.

려는 예수의 사역의 목적이 예수가 누구인가를 보여주는 기독론으로 시작하여 예수가 누구인지를 깨닫는 구원론으로 끝난다는 것이다.[200] 물론 기독론과 구원론을 서로 분리할 수 있는 것은 아니다. 예수가 누구인지를 말하는 기독론 없이는 구원론이 있을 수 없기 때문이다. 문제는 어디에 강조점이 있느냐는 것이다. 기독론에 강조점을 둘 때 요한복음의 중심은 하나님의 계시가 된다. 예수가 누구인지는 오직 하나님의 계시에 의하여 나타나기 때문이다. 이 계시의 강조는 신약성서 어느 곳보다도 요한복음에서 가장 분명하게 나타나고 있다. 요한복음은 예수를 로고스로, 에고 에이미로, 하나님의 유일한 아들로, 더 나아가 하나님과 같은 존재로 설명하고 있기 때문이다. 그리고 예수의 기적 행위를 요한복음에서만 하나님의 속성인 '영광'(doxa)의 표현으로 보았다. 그것은 예수의 기적이 단순히 위대한 행위가 아니라 하나님 자신을 나타내는 계시라는 것이다. 결국 요한복음은 예수를 하나님을 나타내는 유일한 통로로 본 것이다. 예수보다 더 분명히 하나님을 나타내는 다른 방법이 없다는 것이다. 이런 관점에서 보면 요한복음의 중심은 기독론으로 보아야 한다.

그러나 요한복음은 다른 어떤 신약성서보다 이중적인 요소가 많이 나타나는 복음서이다.[201] 예수가 하나님의 유일한 계시자임을 나타내는 동시에 그 계시는 인간의 결단과 선택에 달려 있음도 강조하고 있다. 계시와 선택이라는 이중성이 동시에 나타나고 있는 것이

---

200) R. T. Fortna, "From Christology to Soteriology: A Redation-Critical Study of Salvation in the Fourth Gospel," *Interpretation* 27 (1973), 3-47.

201) R. E. Brown, *An Introduction To The Gospel of John* (New York: Doubleday, 2003), 250. 요한복음에 나타나는 이중성에 대하여 브라운은 다섯 가지로 지적하고 있다. 첫째, 예수와 아버지의 관계성에서 나타나는 평등성과 하등성. 둘째 실현된 종말론과 철저한 종말론. 셋째 결정론에 있어서 인간의 선택과 하나님의 허락. 넷째, 생명이 예수의 공생애 때 주어지는 것과 예수의 들린 후에 주어지는 것. 다섯째, 영지적 기독론과 그것을 거부하는 기독론.

다. 요한복음은 예수께 나올 수 있는 자는 이미 예정된 자들이라는 선언[202]과 동시에 인간의 선택, 즉 인간의 결단을 요구(3:19-21)하고 있다. 그것은 "사람이 거듭나지 아니하면 하나님의 나라를 볼 수 없으며",[203] "영접하는 자 곧 그 이름을 믿는 자들에게는 하나님의 자녀가 되는 권세를 준다"[204]는 말로 표현되고 있다.

더욱이 요한복음의 중심 구절로 볼 수 있는 다음의 두 구절을 살펴보면 요한복음은 기독론을 구원론으로 완성하고 있다는 것을 알 수 있다. 3장 16절이 그 대표적 증거이다. 여기서 예수의 오신 목적을 "이는 그를 믿는 자마다 멸망하지 않고 영생을 얻게 하려 하심"으로 결론짓고 있다. 또 다른 구절은 요한복음의 일차적 결론인 20장 31절이다. 여기서도 요한복음의 기록 목적이 나오는데 그것은 두 가지이다. 그중 하나는 예수가 누구인지를 보여주는 기독론이다. 그것을 요한복음은 '예수가 하나님의 아들 그리스도'라고 증언하고 있다. 다른 하나는 구원론이다. 앞에서 말한 기독론은 그 자체가 독립된 주제가 아니라 뒤에 나오는 구원론을 말하기 위한 하나의 전제조건이다. 다시 말하면 여기서 말하는 기독론은 그것을 믿는 자에게 생명을 주기 위한 것이다. 이를 요한복음은 "너희로 믿어 그 이름을 힘입어 생명을 얻게 하려 함"이라고 말하고 있다. 결국 기독론은 구원론으로 끝맺게 된다.

이 점에서 요한복음의 중심은 예수의 신성을 강조하여 예수가 참된 하나님의 계시자임을 나타내는 기독론으로 보이지만 그 목적은 인간 구원에 있음을 알 수 있다. 기독론을 통하여 구원론을 완성하고 있는 것이다. 이 구원론을 다른 표현으로 말하면 '하나님의 자녀'가 된다는 것이며, 그것을 현대적으로 이해하면 제자직을 낳

---

202) 10:3, 26, 17:6 참조.

203) 3:3, 5, 참조. 요일 3:9, 5:4, 18.

204) 1:12, 참조. 요일 2:29, 4:7, 5:1.

하는 것이다.

둘째, 요한복음의 서문과 같이 끝말(epilogue)도 제자직으로 끝내고 있다는 것이다. 서문의 기독론(계시)이 구원론(하나님의 자녀 됨 혹은 제자 됨)에 초점을 두고 있듯이 21장도 마찬가지이다. 21장은 예수의 계시로 시작하고 있으며 계속하여 그 계시가 강조되고 있다. 21장 1절에서 "그 후에 예수께서 디베랴 호수에서 또 제자들에게 자기를 나타내셨으니 나타내신 일은 이러 하니라"는 말에서 '나타나다' 라는 희랍어 phanerõ는 요한복음이 즐겨 사용하는 하나님의 계시를 나타내는 특수 용어이다.[205] 이 점에서 요한복음은 21장의 내용이 예수를 통한 하나님의 자기 계시적 사건임을 보이고 있는 것이다.[206]

그러나 21장 1-14절에 나오는 예수의 자기 계시 사건도 제자직과 긴밀하게 연결되어 있다. 예수는 많은 물고기를 잡는 사건을 통하여 자신이 누구인지 계시하였고, 그 결과 제자들은 예수의 참모습을 인식하게 되었다. 이 사건을 통하여 애제자는 그분이 '주님' 인 것을 깨닫게 되었고, 베드로는 애제자의 고백을 듣고 겉옷을 두른 후에 바다로 뛰어 들게 되었다(21:7). 이후 예수가 베푼 아침 식사에 참여한 제자들 모두 그분이 주님인 것을 인식하게 되었다(21:12). 결국 예수의 자기계시라는 기독론은 제자들을 참 제자 되게 하는 것으로 끝맺고 있다. 이런 제자직의 완성은 예수의 마지막 사건인 21장 15-23절에서 그 절정을 이룬다. 이 문제에 관하여는 다음 장에서 다시 설명하고자 한다.

---

205) phaneroõ는 신약성서에서 49번 나오는데 복음서에서는 마가복음에 3번, 요한복음에서 9번 나온다. 이 9번 중 세 번이 21장에 나오고 있다. K. Aland, *VKGNT* (Berlin: Walter De Gruyter, 1978) 2: 288-289. P. G. Müller, "phanerõ" *EDNT* 3: 414.

206) 김춘기, "예수의 계시사건으로 본 요한복음 21장," Ph. D. dissertation, 계명대학교 (2002), 참조.

그러므로 요한복음은 서문에서 시작한 제자직을 끝말에서도 계속 강조하고 있다. 이 점에서 요한복음의 중심 주제를 기독론으로 국한시키는 것은 바람직하지 않다고 보아야 한다. 앞에서 논의한 바와 같이 요한복음은 이론적 작품이 아니라 복잡한 현장에 대한 구체적인 해결책으로 쓰인 책이다. 그때의 상황은 요한공동체의 정체성 위기였다. 이 위기를 극복한다는 것은 예수가 누구인지 깨달아 구체적인 기독인으로 사는 것을 말한다. 요한복음의 궁극적 목적은 기독론을 통하여 요한공동체가 기독교를 선택함으로써 그리스도인으로의 삶을 살게 하기 위함이다. 이 점에서 요한복음의 목적은 참된 하나님의 자녀가 되는 제자직에 있다고 보아야 할 것이다.

2. 제자직에 나타난 특징

요한복음에는 공관복음서와 같이 12제자라는 목록이 나타나지 않는다. 이 복음서는 열둘이라는 특수 그룹을 제자단으로 보는 데 관심이 없었으며 이런 제자들을 사도라고 부르지도 않았다.[207] 요한복음이 말하는 제자란 예수의 공생애 동안 그를 받아들인 사람들이나 복음서가 기록된 당시 예수를 믿는 모든 사람들을 통칭한다.[208] 그것은 요한복음이 예수 당시와 요한복음이 쓰일 당시라는 두 가지 시간대로 구성되었기 때문이다.[209] 그것은 예수의 공생애라는 구체적인 역사성과 복음서가 쓰일 시대라는 일반적 역사성이 혼합되어 있다는 의미이다.

이 둘을 연결하는 방법으로 요한복음은 제자들에 대한 익명성(匿名性)을 사용하고 있다. 물론 익명성은 요한복음에만 나오는 현상이 아니다. 오히려 공관복음서에서 익명성이 더 자주 나타나고 있다.

마가복음에는 25명의 익명의 인물들이 나오고 있으며, 마태복음에서는 26명, 누가복음은 34명인데 반하여 요한복음에는 15명에 불과하다. 그렇다면 요한복음에 나오는 익명의 인물들의 수는 공관복음서의 60%에 불과하다. 그럼에도 불구하고 공관복음서에 나오는 익명성과 달리 요한복음에서는 이 익명성을 특별한 의미로 해석해 주고 있다.

먼저 요한복음에서 나오는 명명(命名, named)의 인물들을 살펴보면 아래와 같다.[210]

---

207) M. R. Hillmer, op. cit., 79.

208) Ibid., 78.

209) J. L. Martyn, *History and Theology in the Fourth Gospel* (Nashville: Abingdon Press, 1979) 참조.

210) D. R. Beck, *The Discipleship Paradigm: Readers and Anonymous Characters in*

요한(세례)	1:6-8, 15, 19-36, 3:23-36
안드레	1:35-42, 6:8-9, 12:23
베드로	1:41-42, 6:68-69, 13:6-9, 24, 36-37, 18:10-11, 15-18, 25-27, 20:2-10, 21:2-22
빌립	1:43-46, 6:5-7, 12:21-22, 13:8-9
나다나엘	1:45-49, 21:2
니고데모	3:1-9, 7:50-52, 19:39-41
유다	6:71, 12:4-6, 13:2, 26-30, 18:2-5
나사로	11:1-44, 12:1-2
마리아	11:1-35, 12:1-3
마르다	11:1-40
말고	18:10
빌라도	18:29-19:22, 38
바라바	18:40
도마	11:16, 14:5, 20:24-29, 21:2
마리아(예수 이모)	19:25
막달라 마리아	19:25, 20:1-2, 11-18
아리마대 요셉	19:38-42

이 인물들 가운데 예수의 제자라고 할 수 있는 인물은 안드레, 베드로, 빌립, 나다나엘, 니고데모, 유다, 나사로, 마리아, 마르다, 도마, 예수의 이모 마리아, 막달라 마리아 그리고 아리마대 요셉 등이다. 이런 명명된 인물들은 특별한 사유가 없는 한 예수의 공생애와 관련된 역사적 인물로 보아야 한다. 물론 그 가운데 요한공동체의 특수한 상황에서 삽입된 인물도 있을 수 있지만 그것을 구분해 내기는 불가능하다. 이 점에서 요한복음에서 명명된 인물들, 특히 예수를 따르는 제자들은 예수 시대의 구체적인 인물로 보는 것이 타당할 것이다.

여기에 반하여 익명(匿名, anonymous)으로 나오는 인물들은 아래와 같다.[211]

---

the Fourth Gospel (Leiden: Brill, 1997), 30.

예수의 어머니	2:1-5, 12, 19:25-27
하인	2:9-10
신랑	2:9
사마리아 여인	4:7-27, 39-42
왕의 신하	4:46-53
38년 된 병자	5:5-15
한 아이	6:9
간음한 여인	8:3-11
맹인	9:1-38
애제자	13:23-25, 19:26-27, 35, 20:2-10, 21:7 20-24
다른 제자	18:15

이 인물들 가운데 예수의 제자로 볼 수 있는 인물은 예수의 어머니, 사마리아 여인, 왕의 신하, 38년 된 병자, 간음한 여인, 소경, 애제자 등이다. 이런 익명성의 특징을 살펴보기 위하여 명명의 제자들과 익명의 제자들을 서로 비교해 보면 다음과 같다.[212)]

다음의 도표에 따르면 요한복음에 나오는 명명의 제자들과 익명의 제자들 사이에는 몇 가지 특징이 있다는 것을 알 수 있다. 첫째, 1장에서 12장까지는 같은 장에서 명명의 제자들과 익명의 제자들이 함께 나오지 않는다는 것이다. 명명의 제자들이 나올 경우에는 익명의 제자들이 나오지 않으며 그 역의 경우도 마찬가지이다. 그것은 명명의 제자들이 나오는 경우는 명명의 제자들을 통하여 제자직이 무엇인지를 설명하고 있으며, 익명의 제자들이 나올 경우는 익명의 제자들을 통하여 제자직을 설명하고 있기 때문이다.

211) Ibid., 31.

212) Ibid., 31-32.

장	명명된 인물들	익명의 인물들
1장	세례 요한, 베드로	
2장		예수의 어머니
3장	니고데모, 세례 요한	
4장		사마리아 여인, 왕의 신하
5장		앉은뱅이 환자
6장	베드로, 유다	
7장	니고데모	
8장		간음한 여인
9장		맹인
11장	마리아, 마르다, 도마	
12장	마르다, 마리아, 유다	
13장	유다, 베드로	애제자
18장	유다, 베드로	다른 제자
19장	막달라 마리아, 니고데모	예수의 어머니, 애제자
20장	막달라 마리아, 베드로, 도마	애제자
21장	베드로	애제자

또한 명명의 제자들을 설명하는 장과 익명의 제자들을 설명하는 장이 서로 교차되어 나오고 있다. 원래 성서에는 장과 절이 없었다는 점을 고려한다면 이렇게 교차하여 나오는 것을 단순한 우연으로 보기보다는 수사학적 방법으로 보는 것이 더 타당할 것이다. 예를 들면 3장에서 명명의 제자들로 니고데모와 요한을 소개한 후 4장에서는 익명의 두 제자를 대비적으로 소개하고 있다. 그들이 사마리아 여인과 왕의 신하이다. 6, 7장에서 명명의 제자들로 베드로, 유다, 니고데모를 소개하고 8, 9장에서는 익명의 간음한 여인과 맹인이 나오고 있다.

명명의 제자들과 익명의 제자들을 서로 교차하여 소개한 이유는 무엇일까. 그것은 구체적인 역사적 인물인 명명의 제자들만 제자단으로 소개한다면 제자들은 예수를 따르던 특수 그룹에 국한되기 때문이다. 그럴 경우 어느 시대, 누구나 예수를 받아들이는 모든 사람들이 예수의 제자가 된다는 요한복음의 제자직과 상반되게 된다. 예수를 따르던 구체적인 인물뿐 아니라 예수 이후에 예수를 받아들이는 모든 사람들도 예수의 제자가 될 수 있다는 것을 보이기 위하여 요한복음은 명명의 제자들과 같이 일반적인 익명의 제자들을 교차적으로 소개하고 있는 것이다. 그렇게 함으로써 예수의 제자는 예수와 함께한 구체적인 인물들뿐만 아니라 예수 이후의 예수를 따르는 모든 사람들도 포함된다는 것을 보이고자 한 것이다.

둘째, 11, 12장에서는 명명의 제자들만 나오고 있다. 그것은 이 두 장이 요한복음에서 특별한 장이기 때문이다.[213] 11장의 '죽은 나사로를 살린 사건'은 공관복음서의 가이사랴 빌립보에서 베드로의 신앙고백과 같은 의미의 사건이다. 베드로의 신앙고백이 예수의 공생애를 둘로 나누는 사건이듯이 '죽은 나사로를 살린 사건'도 요한복음에서 예수의 공생애를 마감하는 사건인 동시에 예수의 떠남과 죽음, 부활을 여는 사건이다. 그러므로 이 사건은 예수의 일곱 표적 가운데 마지막 표적이며, 이 사건 이후 예수의 관심은 대중에서 제자들로 전환되게 되었다. 이 사건 이후 14-17장에는 예수의 고별담화가 나오고 18장 이후에는 고난 부활 사화가 나오고 있다.

이 점에서 11, 12장은 1-11장의 결론인 동시에 13장에서 시작되는 예수의 또 다른 형태의 삶—대중에서 제자들에게로 전환, 표적이라는 행위에서 담화로 전환, 일반적 삶에서 고난과 십자가로의 전환—을 시작하는 장이다. 요한복음은 이런 결론과 전환의 의미를 보다 강화하기 위하여 익명의 제자들보다는 구체적인 명명의 제자들을 사건의 주인공으로 소개하고 있다. 여기에는 익명의 제자들이 나

213) Ibid., 31.

오지 않는다. 그 대신 아주 구체적인 두 사람이 소개되고 있다. 그들은 베다니의 마리아와 마르다 자매이다. 그녀들의 오빠 나사로의 죽음을 통하여, 그리고 그 죽음을 슬퍼하는 두 여동생과의 대화를 통하여 예수는 요한복음에서 가장 중요한 자신의 정체성을 보여 주고 있다. 11장 25-26절에서 예수는 "나는 부활이요 생명이니 나를 믿는 자는 죽어도 살겠고 무릇 살아서 나를 믿는 자는 영원히 죽지 아니하리라"고 선언하고 있다. 구체적인 사건과 구체적인 인물들에게 예수의 가장 중요한 정체성을 밝힘으로 그 선언의 확실성을 보다 명확하게 전하려고 한 것이다.

셋째, 13장 이후는 명명의 제자들과 익명의 제자가 같은 장에서 함께 나오고 있다. 여기서 나오는 명명의 제자들은 새로운 인물들이 아니라 이미 앞에서 소개된 인물들이 대부분이다. 소개되지 않은 인물로는 막달라 마리아 뿐이다. 그리고 명명의 인물들 가운데 가장 많이 나오는 중심인물은 베드로이다. 1-11장에서 베드로는 두 장에만 나오는데 반하여(1장, 6장) 13장 이후에서는 거의 매 장에서 나오고 있다.[214]

여기에 반하여 익명의 제자는 19장 25절에 나오는 예수의 어머니 외에는 애제자만 나오고 있다.[215] 그러므로 큰 틀로 본다면 13장에서 21장까지에 나타나는 명명의 제자는 베드로이고 익명의 제자는 애제자로 전형화시키고 있다는 것을 알 수 있다. 이런 명명의 제자와 익명의 제자가 1-11장과 달리 서로 교차하여 나오지 않고 같은 사건 안에서 함께 나오고 있다.[216]

넷째, 위의 세 가지 특징을 종합해 보면 두 가지 점을 알 수 있

---

214) 14-17장은 '고별담화'의 장이므로 인물들이 나오지 않는다. 그렇다면 베드로는 13-21장에서 19장을 제외한 모든 장에서 나오고 있다.

215) 18:15에 나오는 다른 제자는 애제자로 보인다.

216) 베드로와 애제자가 같은 사건에서 함께 나오지 않는 경우는 19장뿐이다.

다. 그중 하나는 명명의 제자들과 익명의 제자들이 요한복음에서는 아무 의미 없이 배치되지 않는다는 것이다. 1-10장에는 교차적으로, 11-12장에서는 명명의 제자들만으로, 13-21장에서는 명명의 제자와 익명의 제자가 같은 사건에서 함께 등장하는 것으로 구성되고 있다. 그것도 1-10장에는 다양한 명명의 제자들과 익명의 제자들이 교차하여 나오는 반면에 13-21장에서는 베드로와 애제자라는 대표적인 명명의 제자와 익명의 제자가 같은 사건에서 함께 나오고 있다. 이런 구성의 전환은 일반적 현상에서 시작하여 전형적 현상으로 표현하기 위한 방법이다.

그것을 요약하면, 1-10장에서는 일반적인 명명의 제자들과 일반적인 익명의 제자들이 여러 사건에서 서로 비교되면서 소개되고 있다. 그것은 예수의 제자란 특정 인물들만이 아니라 모든 사건에서 누구나 될 수 있다는 일반적인 원칙을 보이기 위함이다. 그리고 11-12장에서는 예수에 대한 가장 중요한 증언을 하는 사건이기에 모든 사건과 그 사건에 연관된 모든 인물들을 다 실명으로 소개하였다. 그리고 13-21장에서는 이런 결과들을 종합하여 하나의 전형을 만들어 제자직을 설명하고 있다. 그것은 명명의 제자의 상징으로는 베드로를, 익명의 제자의 상징으로는 애제자를 소개하고 이 두 전형의 제자들이 같은 사건에서 어떻게 반응하고 있는지를 보여주고 있다. 21장에서는 이를 종합하고 있다.

다른 하나는 이 두 형태의 전형화 된 제자 중에서 요한복음은 명명의 제자보다는 익명의 제자에 더 큰 의미를 두고 있다는 점이다. 1-10장을 살펴보면 3장에 나오는 명명의 제자인 니고데모보다 4장에 나오는 익명의 제자인 사마리아 여인이나 왕의 신하가 예수를 더 잘 이해하는 제자들로 소개되고 있다. 익명인 사마리아 여인은 예수와 대화를 통하여 니고데모와 달리 예수의 참 모습을 깨닫고 예수를 전하는 증인이 되었고(4:39-42), 왕의 신하도 아무 표적도 없이 예수의 말씀에 의존하여 순종함으로 기적을 경험하게 되었다. 이런 현상은 앉은뱅이 환자, 간음한 여인, 맹인에서도 그대로 나타나는 특징이다. 이들은 베드로나 다른 제자들과 같이 공인된 제자들도 아니고 그렇다고 니고데모처럼 당시 사회의 지도층도 아니었다. 익명의 제자들은 사회적으로 인정을 받지 못하는 무리들이었다. 이들은 보통 랍비들의 제자가 될 수 없는 계층에 속하는 사람들이다. 그러므로 익명의 제자들은 당시 상황으로 보면 제자직을 감당할 수 없는 계층의 사람들이었다. 이들은 이방인, 여인, 죄인들, 그리고 병자들이기 때문이다.[217] 결국 익명의 제자들은 제자가 될 수 없는 계층의 사람들임에도 불구하고 요한복음은 이들이 명명의 제자들[218]보다 예수의 참된 제자에 더 가까운 사람들로 소개하고 있다.

11-12장에서는 이런 익명의 제자들 대신에 명명의 제자들이 나오고 있지만 1-10장에서 말하는 보다 바람직한 제자직의 주제로서의 익명성은 그대로 유지되고 있다. 그것은 여인들의 출현에서 알 수 있다. 11-12장에서 익명의 제자들이 나오고 있지 않으나 명명의 남자 제자들 대신에 명명의 여자 제자들이 출현하고 있다. 그들이 마리아와 마르다이다. 이들은 예수의 공인된 제자들이 아니다. 또한 이들은 남자가 아니라 여인들이었다. 예수의 공생애를 정리하는 동시에 후반기 예수의 사역을 시작하는 11-12장에서 명명의 제자들이 여인들이었다는 것은 매우 의도적인 것으로 보인다. 요한복음은 예수의 제자직에 대하여 익명성 대신 명명성을 11-12장에서 사용하고 있지만, 1-10장에서 보여준 제자직에 대한 익명성, 즉 주변 인물로

217) 익명의 제자 가운데 이런 계층에 속하지 않는 제자는 애제자뿐이다. 그러나 애제자는 실제적으로 어떤 계층인지 전혀 알 수 없다. 김춘기, 《만남의 복음서-요한복음 주석》(서울: 한들출판사, 2007) 참조.

218) 명명된 제자들은 대부분 남성이고 12제자에 속하는 무리들이다. 여인으로는 마리아, 마르다, 막달라 마리아인데 그중 계층에 문제되는 여인은 막달라 마리아 뿐이다. 그러나 그녀도 요한복음에서는 계층에 대한 문제를 제기할 어떤 요소도 없다.

표현되는 특성을 여기서는 명명의 여인으로 환원시켜 계속 나타내고 있기 때문이다.

예수의 후반기 삶에 대한 기록인 13-21장에서는 이제까지 나왔던 제자들에 대한 설명을 정리하고 있다. 그것은 명명의 제자의 상징으로 베드로를, 익명의 제자의 상징으로 애제자를 등장시키는 것이다. 이 두 사람을 통하여 요한복음은 예수의 진정한 제자직을 전형화하고 있다. 이런 전형화 된 제자직에 관해서는 다음 단락에서 논의하고자 한다.

3. 요한복음이 말하는 제자직[129)]

1) 21장의 문제점

베드로와 애제자의 관계를 가장 뚜렷하게 보여주는 곳은 21장이다. 그러나 21장이 요한복음의 결말인지 아니면 후대 편집자의 첨가인지에 대한 논란은 아직도 계속되고 있다.[220)] 그럼에도 불구하고 서문이 후대에 첨가되었다는 뚜렷한 증거가 없듯이 21장도 후대에 첨가되었다는 뚜렷한 증거는 없다. 만약 21장이 후에 첨가되었다고 하여도 우리가 가지고 있는 요한복음은 21장이 포함된 복음서이다. 이 말은 21장이 없는 요한복음은 온전한 요한복음이라고 볼 수 없다는 것이다. 이 점에서 서문이나 21장이 전승 과정에서 첨가되었다 하여도 우리가 흔히 요한복음이라고 말할 때 그 요한복음은 1장에서 21장으로 구성된 현재의 복음서를 의미한다.[221)] 그렇다면 요한복음의 구성은 1장 1-18절은 서문이 되고 21장의 끝말이 된다.

그러므로 우리가 물어야 할 질문은 요한복음의 최종 편집본인 현

---

219) 김춘기, "예수의 계시사전으로 본 요한복음 21장," 176-221 참조.

220) 요한복음의 결론이 20:30-31이며, 21장은 후대에 첨가된 것이라는 주장은 많은 신학자들에 의하여 지지받고 있다. R. Mahoney, *Two Disciples at the Tomb: The Background and Message of John 20:1-10* (Frankfurt: Herbert Lang Bern, 1974), 12-40; E. Delebecque, "La mission de Pierre et celle de Jean: note philologique sur Jean 21," *Bib* 67 (1986), 335-342; G. Reim, "Johannes 21: Ein Anhang?" *Studies in New Testament Language and Text: Essays in Honor of George Dunbar Kilpatrick on the Occasion of His Sixty-Fifth Birthday,* ed. J. K. Elliot (NovTSup 44; Leiden: Brill, 1976), 330-337 참조. 여기에 반하여 21장을 요한복음의 실질적인 끝말로 보는 학자들은 아래와 같다. M. Franzmann, and M. Klinger, "The Call Stories of John 1 and 21," 7-15; P. F. Ellis, "The Authenticity of John 21," 17-25; J. Breck, "John 21: Appendix, Epilogue or Conclusion?" *St. Vlandimir's Theological Quarterly* vol. 36 (1992).

221) Culpepper, op. cit., 참조.

재의 요한복음의 주제가 무엇인가라는 것이다. 21장이 요한복음의 끝말이라면 그 내용은 요한복음 전체를 정리하는 동시에 요한복음 이후의 세대들과 연결하는 것이다. 그런 관점에서 보면 21장에 나오는 베드로와 예수의 대화, 그리고 애제자와 예수의 대화를 새롭게 해석할 수 있을 것이다. 그것은 21장에 나오는 예수와 베드로의 대화가 베드로의 위치를 다시 인정하려는 것으로 볼 필요가 없으며, 애제자에 대한 요한복음의 편애도 베드로에 대한 부정적 의미를 부각하는 것으로 해석할 필요가 없다는 것을 의미한다.

2) 예수의 두 가지 기능에 대한 승계: 양 돌봄과 증언

요한복음에서 '제자'(mathētēs)는 78번 나오는데 이 말은 예수의 추종자를 통칭하는 데 사용되고 있다. 이들은 예수와 함께하고,[222] 함께 여행하고,[223] 예수를 위하여 여러 가지 봉사를 하며,[224] 예수의 가르침을 묻기도 하였다.[225]

그러나 이런 특징들을 지닌 제자들의 범주에 대하여는 분명하게 기록되어 있지 않다. 어떤 때는 열둘이라는 특수 그룹을 칭하기도 하고,[226] 또 어떤 경우에는 예수의 추종자라는 큰 그룹을 말하기도 한다.[227] 또는 이 둘 중에서 정확하게 어느 쪽을 말하는지 애매하게 만드는 구절도 있다.[228]

이 점에서 쉬낙켄버그(R. Schnackenburg)는 요한복음이 말하는

---

222) 2:2, 11, 6:3, 60, 66, 11:7, 54, 13:1, 18:2 참조.

223) 2:12, 3:22, 11:7, 12:16, 18:1 참조

224) 4:8, 27, 31, 33, 6:10, 9:2 참조.

225) 6:60, 9:2 참조.

226) 6:22, 24, 9:2, 11:1, 2, 20:18, 19, 25, 26 참조.

227) 4:1, 6:60, 66, 7:3, 9:27, 28, 18:17, 19, 25, 19:18 참조.

228) 18:15, 17, 25, 19:26, 20:2, 3, 4, 30 참조. K. Quest, op. cit., 23.

제자의 개념을 발전 과정으로 설명하고 있다.

> 제자들이란 원래 예수와 가까이 하면서 그를 따르는 자들(the close followers)이었는데 그 다음에는 그에게 헌신하는 추종자들(his committed adherent)을 칭하게 되었으며 마지막에는 그를 믿는 모든 자들이 되었다. 이런 '확장'은 신학적으로 숙고한 심중한 표현인 것이다… 요한복음 저자는 예수의 역사적인 추종자들을 분명히 알고 있으면서 후기 신자들을 제자로 유입시키고 있다. 그것은 교회적 의미로 발전한 것임을 보여 주는 것이다.[229)]

결국 요한복음은 공관복음서와는 달리 예수가 추종자들 사이에 특수 그룹을 두고 있지 않았음을 보여 주고 있다. 열두 제자의 존재를 부인하지 않지만 열두 제자와 예수를 따르는 자들을 구분하지도 않는다. 이들 모두가 예수의 제자인 것이다. 열두 제자만 사도라고 부른 적이 없다.[230)] 이 점에서 요한복음은 믿는 자들을 사도, 교사, 장로, 집사 등으로 구분 짓지 않고 있다. 이는 제자란 어떤 직분이나 위치로 예수와 관계성을 시니는 것이 아니라 누구에게나 열려 있으며, 개인적으로 그리고 인격적으로 예수와 만나는 사람은 그의 제자가 될 수 있다는 것을 말한다.[231)]

물론 요한복음에도 공동체적 요소들이 나오고 있지만[232)] 예수와의 관계는 개별적이다. 어떤 그룹이나 단체, 혹은 신분이나 제도와 무관하게 예수와의 개별적인 관계성에서 신앙 사건은 발생하고 승계되는 것이다.

---

229) R. Schnackenburg, op. cit., 3. 208-209.

230) 요한복음에는 단 한 번 '사도'라는 용어가 나오는데(13:16) 그것은 종과 주인의 평행절로, 보냄 받은 자와 보낸 자를 비교하면서 사용하고 있다.

231) 3:1-21, 4:1-42, 4:46-54, 5:1-9, 9:1-14 참조. C. C. Black, op. cit., 35.

232) 예를 들면 15:1-11에 나오는 '포도나무와 가지 비유'이다.

21장을 보면 일곱 제자들의 개별적인 이름이 언급되며 중요한 사건에서도 언제나 개별적인 인물이 언급되는 것도 그런 이유 때문이다. 21장 15-24절에서도 이런 사상은 계속된다. 부활한 예수의 기능이 베드로와 애제자라는 두 개인에게 승계되고 완성되고 있다. 이 두 제자는 요한복음에서 대표적인 인물이지만 이들도 한계를 지닌 구체적인 개인이다. 베드로는 이미 살펴본 대로 보통 사람과 같이 많은 문제를 지닌 제자였으며 애제자는 신학적으로 해석된 부분이 많지만 그도 완전한 제자가 아닌 한계를 지닌 개인이었다.

그럼에도 불구하고 이 두 제자는 요한복음에서 제일 중요한 제자들이다. 베드로는 요한복음에서 37번이나 나오는데 그것은 예수 다음으로 많이 언급된 이름이다.[233] 애제자는 6번만 언급되고 있지만 그 의미로 보면 요한복음에서 그 누구보다도 중요한 인물로 소개되고 있다.[234]

본문(21:15-23)의 주제는 예수가 떠나기 전 예수의 사역이 두 제자에게 승계된다는 것이다. 블랙(C. C. Black)은 요한복음에 나오는 예수의 사역을 두 가지로 요약하고 있다. 그중 하나는 아버지와 아들의 관계에서 나타나는 수직적 측면(vertical dimension)의 사역이고 또 하나는 아들과 세상의 관계에서 나타나는 수평적 측면(horizontal dimension)의 사역이다.[235] 그는 전자를 '증언'(witness)으로, 후자를 '양 돌봄'(shepherding)으로 설명하고 있다. 이 두 가지 기능은 예수가 이 세상에 오셔서 수행하고자 했던 가장 핵심적인 사역이다.

예수의 이 두 가지 사역을 본문과 연관하여 본다면 베드로는 예

233) S. Booth, *Selected Peak Marking Feature in the Gospel of John* (New York: Peter Publishing, 1996), 52.

234) 13:23-26, 19:25-27, 20:2-10, 21:7, 21:20-23 참조.

235) C. C. Black, "Christian Ministry in Johannine Perspective," *Int* (1990), 30-31.

수의 수평적 기능인 양 돌봄을 승계 받고 있다(21:15-17). 예수의 양 돌봄이라는 기능은 10장에서 집중적으로 소개되고 있다. 여기서 양 돌봄은 양을 위하여 목숨까지 버리는 삶을 의미한다.[236] 이 점에서 양 돌봄과 '양을 위하여 목숨 버림', 즉 '순교'는 같은 주제로 연결되는 사건임을 알 수 있다. 이 수평적 기능인 양 돌봄-순교가 베드로에게 승계되고 있다.

애제자는 예수의 수직적 기능인 증언을 승계 받고 있다. 베드로가 애제자의 미래에 대하여 예수께 물었을 때 "내가 올 때까지 그를 머물게 한다"(21:22)고 예수는 답하고 있다. 이 말은 21장 24절에 따르면 애제자가 예수의 증언자로 머물 것임을 의미한다. 그것은 19장 35절에서 이미 언급한 사실이다. 애제자는 예수의 십자가 사건에 대한 신실한 증언자로 소개되고 있기 때문이다.

그러므로 베드로와 애제자의 삶은 단순한 제자들의 삶이 아니다. 그들의 삶은 예수의 사역을 승계 받은 '예수의 삶'인 것이다. 이 점에서 부활한 예수가 이 지상을 떠난 후 신앙의 2세대들이 더 이상 예수를 만날 수 없더라도 예수의 사역을 그대로 승계 받은 두 제자들을 통하여 그들은 예수를 만나게 된다. 결국 부활한 예수는 자신의 사역을 승계 받은 제자들을 통하여 영원히 이 땅에서 그 사역을 수행하고 있는 것이다. 예수 이후의 사람들은 승계 받은 이 두 제자들을 통하여 예수가 누구인지를 깨달을 수 있기 때문이다.

3) 베드로와 애제자의 관계

요한복음에서 말하는 이 두 제자의 관계성에 대한 일반적인 결론

236) 10:15-17에 의하면 선한 목자는 양을 위하여 목숨을 버리기까지 사랑하는 것이며 이런 사역은 목자이신 예수께서 이미 행하였다. 이런 예수의 사역을 승계 받는다면 그 제자도 그와 같은 길을 따라야하는 것이다.

을 서중석은 다음과 같이 정리하고 있다.

> 요한복음에서 베드로의 단독 출연 장면들이 부정적으로 채색되는 반면, 애제자의 단독 출연 장면은 긍정적으로 채색된다. 베드로와 애제자의 공동 출연인 경우 1장-20장은 베드로에 대한 애제자의 현저한 우위를 강조한다. 21장은 1장-20장과 달리, 베드로를 조심스럽게 회복시키나, 여전히 애제자의 우위 설정 도식을 유지한다.[237)]

이런 결론은 다음과 같은 세 가지 결과를 도출한다. 첫째는 요한복음에서 베드로와 애제자는 경쟁 관계로 본다는 것이다. 둘째는 이 둘의 관계에서 베드로보다 애제자가 우위에 있다는 것이다. 셋째는 21장에 나오는 베드로와 애제자에 대한 표현이 요한복음 본문[238)]의 서술과 다르게 묘사되고 있기 때문에 21장은 후에 첨가되었다는 것이다.[239)]

이런 문제들을 해결하기 위하여 몰튼(R. E. Moreton)은 "요한복음에서 애제자는 베드로의 권위 상승을 수정하는 의도로 창조된 인물"로 보았고,[240)] 브라운(R. E. Brown)은 요한복음이 발전하는 교회 안에서 열두 사도의 우월성에 도전하기 위하여 애제자를 내세우고 있다는 점을 제안하였다.[241)]

그러나 쿨만(O. Cullmann)의 지적대로,[242)] 요한복음 어디에도 제

---

237) 서중석, "요한복음서의 베드로와 애제자," op. cit., 287.

238) 여기서 '요한복음 본문'이라는 것은 서문(1:1-18)과 끝말(21장)을 제외한 요 1:19-20:31을 지칭하는 것이다.

239) 많은 학자들은 이 견해를 지지하고 있다. 이들은 요한복음을 반-베드로주의(anti-Petrinism)로 보고 있다. G. F. Snyder, "John 13:16 and the Anti-Petrinism of the Johannine Tradition," *BibRes* 16 (1971), 5-15; A. H. Maynard, op. cit., 540-542 참조.

240) M. B. Moreton, "The Beloved Disciple Agains," *SB* (1978), 218.

241) R. E. 브라운/최홍진 역, 《요한공동체의 역사와 신학》(서울: 성광문화사, 1994), 191.

자단 안에서 베드로의 역할을 부정적으로 직접 묘사한 곳이 없다는 점이다. 애제자에 대한 묘사와 다른 점이 있다면 베드로는 장단점을 함께 지니고 있는 독특한 인물로 요한복음은 말하고 있다는 것이다. 다른 인물들은 한 가지 특성을 지니는데 베드로만 복합적인 성격(complex character)을 지닌 제자로 묘사되고 있기 때문이다.[243] 애제자는 언제나 일관된 성격을 지닌 사람으로 묘사되지만 베드로는 그렇지 않다. 베드로는 고백과 오해, 따름과 부인이라는 여러 과정을 거치면서 제자의 길을 걷고 있다. 그러므로 요한복음 본문에서 베드로의 부정적 면이 나오는 것은 그의 복합적인 성격과 다양한 삶에 대한 하나의 형태일 뿐이다. 특히 신앙에는 발전 과정이 있다는 것을 가장 잘 보여주는 예가 베드로의 삶이다. 베드로는 수많은 과정을 거쳐서 예수의 제자로 부르심을 받게 되었다.

요한복음 본문에 나오는 베드로와 공관복음서나 바울 서신에 나오는 베드로를 비교해 보면 상이성이 있음을 알 수 있다. 요한복음의 베드로는 예수의 부름을 받은 첫 번째 제자도 아니며,[244] 예수의 부활이나 현현을 목격한 첫 제자도 아니다.[245] 신약성서 전승에 따르면 베드로는 언제나 이 모든 중요한 사건의 주인공으로 소개되고 있지만 요한복음에서는 그렇지 않다.[246] 그 이유는 요한복음이 사용

242) O. Cullmann, *Peter: Disciple, Apostle, Martyr* (London: SCM Press, 1976), 27.

243) R. A. Culpepper, *Anatomy of the Fourth Gospel,* 120.

244) 막 1:16-20, 마 4:18-22, 눅 5:1-11 참조.

245) 고전 15:5 참조.

246) A. H. Maynard, op. cit., 543-544에서 공관복음서에 나오는 베드로의 역할과 다른 점을 15가지로 설명하고 있다.

1) 베드로는 첫 제자로 부름 받은 것이 아니다(1:40-44).

2) 베드로는 그의 동생의 인도로 제자가 되었다(1:40-44).

3) 예수를 그리스도로 고백한 제자는 안드레이다(1:40-44).

4) 베드로라는 이름은 교회의 영향력과 무관하다(1:40-44).

5) 베드로는 애제자보다 열등하다(1:40-44, 13:21-26).

한 전승이 기존의 전승과 달랐거나,[247] 요한복음 저자가 의도적으로 베드로에 대하여 가필했을 두 가지 가능성이 있다. 후자보다는 전자일 가능성이 크다. 베드로에 대하여 이미 고정된 전승을 요한복음이 왜곡시켰다면 이후에 요한공동체가 정통 교회로 유입될 때 요한복음에서 베드로에 대한 왜곡된 내용을 정통 교회가 그대로 수용할 수 없었을 것이다. 오히려 공관복음서나 바울 서신에 나오는 베드로가 요한복음의 애제자처럼 정통 교회에 의해 신학화되었을 가능성이 크다. 왜냐하면 정통교회에서는 베드로가 언제나 우위에 있어야 하기 때문이다. 그러므로 이미 우위에 있는 베드로를 격하시키는 것은 쉽지 않았을 것이다. 특히 요한공동체가 기존의 교회보다 영향력이 약한 상태에서는 더욱 그렇다.

그렇다면 요한복음은 아직 신학적으로 이상화되지 않은 베드로에 대한 전승을 기초하여 베드로를 표현하였을 가능성이 크다. 다른 제자들은 다양한 전승이 부족했기에 한 가지 특성으로만 소개하였고, 애제자는 요한공동체에서 특별한 위치에 있기에 일관된 모습으로 묘사했지만 베드로에 대한 전승은 다양했기에 여러 가지 모습으로 베드로를 표현한 것이다. 그럴 경우 요한복음에서는 애제자가 베드로보다 신학적으로 더 해석된 것으로 보아야 한다.

---

6) 베드로의 고백은 교회적 권위 부여와 무관하다(6:67-69).
7) 베드로는 사도 그룹에서 거의 소외되어 있다(13:6-20).
8) 현재에는 베드로는 주님을 따를 수 없다(13:36-38).
9) 베드로는 예수의 말에 오해하고 있다(13:36-38).
10) 베드로가 대제사장의 종의 귀를 자른 사람이다(18:10-11).
11) 베드로가 대제사장의 뜰에 들어갈 수 있도록 섭외한 사람이다(18:10-11).
12) 베드로는 부인 후 통곡하지 않았다(18:15-27).
13) 베드로의 부인은 자신의 제자직에 대한 것이다(18:15-27).
14) 베드로는 예수의 부활을 이해하지 못하였다(20:1-10).
15) 베드로는 애제자를 따르는 사람으로 나온다(20:1-10).

247) R. 카이사르/나채운 역, 《요한복음서 연구》(서울: 성지출판사, 1996), 34-37.

이 점에서 요한복음에 소개되는 베드로는 신약성서의 다른 곳에서 묘사되는 베드로의 모습에 대해 상이성과 유사성을 동시에 지니고 있다. 요한복음에서 베드로는 예수의 열두 제자의 한 사람이지만 그들의 지도자이며[248] 동시에 열두 제자의 대변인으로 소개된다.[249] 그럼에도 불구하고 공관복음서의 경우처럼 베드로가 독보적인 권위를 지니고 있지는 않다.[250]

여기에 반하여 애제자는 언제나 긍정적인 제자의 모습을 보여 주고 있다. 특히 애제자는 13장 이후에만 여섯 번 나오고 있다.[251] 예수의 만찬(13:23), 예수의 십자가 밑(19:26), 빈 무덤(20:2), 현현 사건(21:7)과 애제자의 운명(21:20), 그리고 예수의 목격자인 동시에 기록자(21:24)로 소개되고 있다. 결국 애제자는 예수의 생애에 있어서 가장 중요한 사건에 빠지지 않고 등장하고 있는 것이다. 애제자는 최후의 만찬, 예수의 십자가(죽음), 부활, 현현 사건의 현장에 있으므로 그것들에 대한 증인이 될 수 있었다. 그것은 베드로가 예수의 생애 여기 저기 흩어져 언급되면서 부정적인 면을 지니고 있는 것과 대조적이다.

그렇다고 요한복음이 애제자를 '이상적인 제자'(ideal disciple)[252]로 보는 것은 아니다. 애제자는 본받아야할 제자임에는 틀림없다. 그리고 요한공동체의 중심인물임에도 틀림없다. 그러나 그도 베드로와 같이 신앙의 성숙이라는 과정 속에 있으며 완성된 제자는 아니다. 애제자도 예수에 대한 이해에는 한계가 있으며 불완전하기 때문이다.[253]

---

248) 13:6-20, 18:10-11, 15-17, 20:1-10, 21:1-7 참조.

249) 6:67-69, 13:6-20, 21-24 참조.

250) A. M. Maynard, op. cit., 543.

251) 13:23, 19:26, 20:2, 21:7, 21:20.

252) R. A. Culpepper, op. cit., 121에서 애제자를 '이상적 제자'(ideal disciple)로 보고 있다.

그것을 20장 9-10절에서 잘 보여주고 있다. 8절에서 무덤에 들어간 애제자는 베드로와 달리 예수의 부활을 믿었지만 9-10절을 보면 이런 애제자의 믿음이 온전한 것인지 의심하게 된다. 특히 요한은 9절을 첨가하면서 예수 부활에 대한 애제자의 믿음이 완전하지 않다는 것을 시사하고 있다.[254] "그들이 성경에 그가 죽은 자 가운데서 다시 살아나야 하리라 하신 말씀을 아직 알지 못하더라"(21:9)는 말에서 이 성서를 알지 못한 제자는 단수가 아니라 복수(그들)이다. 여기에는 애제자도 포함되어 있다.

더 나아가 10절에서 빈 무덤을 본 두 제자는 막달라 마리아처럼 동료들에게 예수의 부활을 증언하지 않고,[255] "이에 두 제자는 자기들의 집으로 돌아가니라"로 끝맺고 있다. 이 말의 정확한 뜻이 무엇인지에 대하여 학자들 사이에는 논란이 많다. '집으로 돌아갔다'는 것이 갈릴리로 갔는지,[256] 예루살렘으로 갔는지[257]도 문제이다. 미켈로스(J. R. Michelos)는 이 말을 "예루살렘에 있는 각자의 집으로 돌아갔다"(16:32, 19:27)로 해석하고 있다.[258] 그렇다면 애제자가 빈 무덤을 보고 믿은 것은 예수의 육체적 부활이고(20:8), 21장에서 부활한 예수를 처음으로 확인한 것인지[259] 아니면 이미 온전한 부활 신앙을 지니고 있었는지[260]도 문제가 된다.

---

253) A. Dennis, op. cit., 221.

254) R. Kysar, *John's Story of Jesus,* 86.

255) 20:18을 보면 "막달라 마리아가 가서 제자들에게 내가 주를 보았다 하고 또 주께서 자기에게 이렇게 말씀하셨다 이르니라"고 증언하고 있다.

256) McCalsland, *The Resurrection of Jesus: A New Study of the Belief That Jesus Rose from the Read, of Its Function as Early Christian Cult Story and of the Origin of the Gospel Literature* (New York: Nelson and Sons, 1932), 49.

257) R. E. Brown, op. cit., 2: 988.

258) J. R. Michaels, *John* (Peabody: Hendrickson, 1993), 338.

259) M. de Jonge, *Jesus: Strange from Heaven and Son of God* (SBLSBS 11; Missoula: Scholars Press, 1977), 213.

이런 많은 논란에도 불구하고 20장 9–10절의 의미는 긍정적으로 해석하기 어렵다. 이 점에서 예수의 빈 무덤을 보고 애제자가 믿은 것이 정확히 무엇인지 설명하기 쉽지 않다. 여기에는 믿음에 대한 목적격이 없기 때문이다. "그 다른 제자도 들어가 보고 믿더라"(20:8)고만 말해 주고 있다. 그 후 그들의 행동은 믿는 자가 행하는 어떤 증언적 활동이 없이 끝나고 있다.

이렇게 볼 때 예수와 가장 가까이 있으며 요한복음의 대변자인 애제자도 때가 이를 때까지 계속 배워야 하며(16:25) 진리에 이르기까지 자라야 한다(16:12)는 범주를 벗어나지 못하고 있음을 알 수 있다.[261] 21장에서도 갈릴리 호숫가에 부활한 주님이 나타났을 때 애제자도 처음에는 그분이 주님인 줄 깨닫지 못하다가 표적을 보고서야 깨닫게 되었다. 그것은 애제자도 완전한 이상적 제자가 아니라 베드로처럼 한계를 지닌 구체적인 인물이라는 것을 의미한다.

이 점에서 요한복음에 나오는 베드로와 애제자는 후대 교회의 두 그룹을 상징하는 인물이 아니라[262] 예수를 따르는 구체적인 인물들인 것이다. 물론 이 두 제자는 여러 가지 상징적 의미를 지니고 있

---

260) R. E. Brown, op. cit., 2: 987; M. Lindars, op. cit., 602.

261) A. Dennis, op. cit, 223.

262) 베드로와 애제자를 상징적 인물로 보는 학자들의 견해를 아래와 같이 분류할 수 있다. K. Quest, *Peter and the Beloved Disciple: Figures for a Community in Crisis* (Sheffield: JSOT Press, 1989), 9–13.

	베드로	애제자
R. Bultmann	유대 기독교	이방 기독교
A. Kragenud	교회적 제도 그룹(Amt)	영적 그룹(Geist)
B. Lindars	지역 사회적 목회	예언자적 목회
R. A. Culpepper		이상적 제자
J. M. Braun	12제자 대변인	신자의 모델
D. J. Nawkin	대교회	지역교회
R. E. Brown	사도교회	요한교회

지만 그것은 부차적이다. 그것보다 요한복음은 예수를 따르는 구체적인 제자로 이 두 사람을 소개하고 있는 것이다. 베드로는 열두 제자의 지도자로, 애제자는 요한공동체의 중심인물로 본 것이다.

21장 15-24절은 요한복음에 나오는 대표적인 이 두 제자에게 예수의 기능을 승계시킴으로 이들과 예수의 관계뿐 아니라 이 둘의 관계도 완성시키고 있다. 그것은 각자가 예수의 다른 기능을 승계함으로 가능하게 되었다. 예수의 기능이 승계됨으로 예수와 하나가 되고 각자가 다른 예수의 기능을 승계 받음으로 이 둘도 하나가 되는 것이다.

이런 방법은 요한복음 기독론의 특징이다.[263] 예수와 아버지는 하나(10:30)라고 할 때 그 하나는 존재론적 하나라는 의미가 아니다. 하나님과 예수가 존재론적으로 같다면, 예수도 하나님이고 하나님도 하나님이 되는 이신론(二神論, ditheism)에 빠지게 된다. 그것은 유일신관을 기초로 하고 있는 유대교나 기독교의 근본을 붕괴시키는 것이다. 예수가 하나님과 자신이 하나라고 했을 때 유대인들이 예수를 죽이려고 했던 것(10:30-39)도 이 말을 이신론(二神論)으로 이해했기 때문이다. 이런 오해를 극복하기 위하여 요한복음은 아버지와 아들 기독론을 발전시키게 되었다. 예수와 하나님은 하나이지만 그것은 존재론적 하나가 아니라 기능적 하나라는 의미이다. 요한은 그것을 예수와 하나님이 하나라고 말하지 않고 "나와 아버지가 하나"라고 말했다. 아들과 아버지가 하나라는 것은 아버지의 모든 기능이 아들의 기능이 된다는 기능적 하나됨을 의미한다.

요한복음은 예수를 아들로, 하나님을 아버지로 표현함으로써 하나 됨에서 오는 이신론의 오해를 해결하고 있다. 아버지만 할 수 있는 심판, 생명 주심을 이제 아들인 예수가 그대로 대행하게 되었다.

---

263) R. 카이사르, 《요한복음서 연구》, 87-98, 224-231 참조.

그러므로 예수의 모든 일은 아버지의 일이다.[264] 그는 스스로 가르치거나 말하지 않고 오직 아버지가 그에게 맡긴 말(7:17f. 12:29, 14:10, 24, 17:8–14)과 행위(10:37)를 할 뿐이다. 이런 기능적 하나 됨은 예수가 하나님의 계시자이며 그의 삶에는 하나님의 영광이 나타난다는 것과 연관되어 있다.[265]

이런 하나님과 예수의 기능적 하나 됨이 예수가 떠나면서 제자들에게 승계되고 있다.

> 아버지여, 아버지께서 내 안에, 내가 아버지 안에 있는 것 같이 그들도 다 하나가 되어 우리 안에 있게 하사 세상으로 아버지께서 나를 보내신 것을 믿게 하옵소서 내게 주신 영광을 내가 그들에게 주었사오니 이는 우리가 하나가 된 것 같이 그들도 하나가 되게 하려 함이니이다(17:21–22).

아버지의 모든 기능이 예수 안에서 나타나는 하나 됨을 통해 사람들이 예수 안에 있는 하나님의 영광을 봄으로 그의 정체성을 깨닫고 믿음을 가진 것처럼 예수는 제자들에게 똑같은 기능을 승계하고 있다. 제자들은 기능적으로 예수와 하나 되는 동시에 그들 사이에도 하나가 됨으로 하나님의 영광이 나타나 그들을 통하여 사람들이 예수를 믿게 되는 것이다. 결국 하나님의 기능이 예수에게로, 예수의 기능이 제자에게로 승계됨으로 하나 됨의 역사가 지속되게 되었다.

본문에서 예수의 이 말이 성취되고 있다. 이 두 제자에게 예수의 두 가지 기능이 다르게 승계되고 있다. 그러므로 베드로와 애제자는

264) 아버지만 알 수 있는 심판(3:13–15, 6:29), 생명 주심(3:13–15, 6:27, 53)이 이제 아들인 예수에게서 그대로 나타난다.

265) Ibid., 87–98; R. Scroggs, *Christology in Paul and John: The Reality and Revelation of God* (Philadelphia: Fortress Press, 1998), 63–77.

경쟁 관계나 우월 관계가 아니다. 이들은 동등하게 예수의 두 가지 기능 중 하나씩 각각 승계 받음으로 예수의 사역을 지속시키며 동시에 예수와 하나 될 뿐 아니라 두 제자도 하나 됨으로 하나님의 영광을 드러내게 되는 것이다(21:19).

그러므로 베드로와 애제자는 경쟁 관계도 아니며 우월이나 열등 관계도 아니다. 이 둘은 예수의 두 가지 핵심 기능을 승계 받아 그들의 삶을 통하여 예수의 계시를 미래적으로 완성하는 보완적 관계를 지니고 있는 것이다.

4) 예수의 수평적 기능에 대한 승계 : 베드로(21:15-19) – 양 돌봄

예수의 첫 번째 기능은 아들과 세상의 관계에서 나타나는 수평적 기능인 '양 돌봄'(shepherding)이다. 이 기능을 베드로가 승계 받고 있다. 이 기능은 세 가지로 구성되어 있다. 그것은 사랑, 양 돌봄(21:15-17) 그리고 순교(21:18-19)이다.

양 돌봄의 주제는 10장과 13장에서 잘 나타나고 있다. 여기에 말하는 양 돌봄은 사랑인데 그것을 두 가지 면으로 설명하고 있다. 그 중 하나는 순교이다. "나는 선한 목자라 선한 목자는 양들을 위하여 목숨을 버린다"(10:11, cf. 겔 34:1-31)라는 말에서 "선한 목자로 양을 돌보다"라는 것은 양 돌봄이 단순한 양 관리가 아니라 양을 위한 목자의 목숨 버림, 즉 순교와 연관된 것임을 말하고 있다(10:15). 예수는 그것을 십자가의 죽음으로 완성하였다.

다른 하나는 13장에 나오는 낮아짐(humility)이다. 예수께서 자기 사람들을 사랑하되 끝까지 사랑하는(13:1) 행위는 종처럼 낮아짐에 있다. 예수가 스스로 종이 되어 제자들의 발을 씻어 주셨다. 그것을 거부하는 베드로에게 "내가 너를 씻어주지 아니하면 네가 나와 상관이 없다"(13:8)고 말함으로 낮아짐이라는 사랑의 구체적인 실천 없이는 어떤 제도, 고백, 제자됨도 예수와 관계가 없음을 말해주고 있다.

예수가 말하는 이런 순교와 낮아짐은 모두 사랑의 구체적인 표현이다. 그러므로 예수의 제자가 된다는 것은 예수와 같이 이런 사랑을 지닐 때만이 가능하다. 예수는 떠나기 전 제자들에게 "새 계명을 너희에게 주노니 서로 사랑하라 내가 너희를 사랑한 것 같이 너희도 서로 사랑하라 너희가 서로 사랑하면 이로써 모든 사람이 너희가 내 제자인 줄 알리라"(13:34-35)고 말한 것도 이런 이유 때문이다.

그러므로 예수의 수평적 기능인 양 돌봄은 낮아짐과 양들을 위한 목숨 버림인 순교라는 구체적인 사랑으로 완성되는 것이다. 양 돌봄은 지배가 아니라 종과 같이 낮아져서 섬기는 것이고, 더 나아가 양들을 위하여 목숨을 버리는 것이다. 이런 낮아짐과 순교로 나타나는 양 돌봄이라는 구체적인 사랑이 베드로에게 그대로 승계되고 있다.

베드로의 목숨 버림이라는 십자가의 죽음은 '들리다'(lifting up)라는 용어에서 찾을 수 있다.[266] '들리다'(upsō)는 말은 '들리다'와 '매달리다'는 두 가지 의미를 동시에 지닌 단어이다.[267] '매달리다'는 의미는 십자가 처형을 말하는 것이고, '들리다'는 승귀(exaltation) 곧 '하나님께로 돌아가다'는 영광을 의미한다. 그러므로 요한복음이 말하는 십자가는 이중적인 의미를 지니고 있다. 표면적으로 보면 십자가에 매달리는 죽음이지만 내면적으로는 하나님께로 돌아가는 영광의 장소인 것이다.

이 점에서 예수의 십자가 죽음 그 자체는 하나님의 영광을 가장 잘 드러내는 계시의 장소가 된다. 십자가에서 하나님의 계시인 사랑

266) 3:14, 8:28, 12:32, 34.

267) J. Jervell, *Jesus in the Gospel of John* (Minneapolis: Augsburg Publishing House, 1984), 58; G. C. Nicholson, op. cit., 141-144.

이 완성되기 때문이다.[268] 그것을 예수는 "다 이루었다"(19:30)는 말로 표현하였다.

베드로의 십자가 죽음은 예수를 사랑하여 그의 양을 돌본 결과이다. 이 점에서 예수의 십자가가 영광의 정점이듯이 베드로의 십자가도 영광과 연관되어 있다. 그러나 예수의 십자가에 나타나는 영광과 베드로의 순교에 나타나는 영광은 두 가지 점에서 다르다. 그중 하나는 예수는 십자가에서 하나님의 영광을 나타내 주었다는 것이다.[269] 다시 말하면 예수의 영광은 계시적 사건이다. 스스로 하나님이심을 나타내 보이신 것이다. 그러나 베드로의 영광은 예수처럼 계시적 영광이 아니라 "죽음으로 하나님께 영광을 돌리는 것"이다(21:19). 베드로의 영광은 스스로 계시하는 영광이 아니라 영광을 받아 다시 돌려주는 영광이다. 베드로는 예수의 기능을 승계 받아 예수와 같은 삶을 살게 됨으로 하나님께 영광을 돌리는 죽음을 죽었다.[270] 그러므로 베드로의 영광은 해와 같이 스스로 빛을 발하는 것이 아니라 달과 같이 빛을 받아 반사하는 영광이었으며 그의 죽음에서 그것이 나타났다.

다른 하나는 예수의 영광은 "지금 인자가 영광을 받았고 하나님도 인자로 말미암아 영광을 받으셨도다"(13:31)라는 말과 같이 상호적이다. 아버지는 아들을 통하여 영광을 받고 아들은 아버지를 통하여 영광을 받는다. 그러나 베드로는 하나님을 영화롭게 하지만 자신은 영광을 받지 않는다. 베드로의 영광은 오직 자신의 순교를 통하여 하나님께 돌리는 영광이다. 예수는 모든 삶, 특히 십자가 죽음으로 하나님의 영광을 드러냄과 동시에 자신도 영광을 받았지만, 베

---

268) 이 점에서 요한복음에서는 십자가의 달림과 부활이 서로 연결되어 있으며 일시적 사건으로 이해하고 있다. R. Scroggs, op. cit., 71, 73 참조.

269) J. Jervell. op. cit., 59-61.

270) 10:11, 15, 17 참조.

드로는 자신의 순교에서 하나님에게만 영광을 돌리게 된다. 그것은 세례 요한에 대한 요한의 설명과 같은 것이다. "그는 빛이 아니요 이 빛에 대하여 증언하러 온 자라"(1:9)는 선언에서 세례 요한은 빛이 아니고 빛에 대한 증인인 것 같이 베드로는 목자가 아니라 목자의 기능을 승계 받아 그것을 수행하는 자이다. 그러므로 베드로의 순교는 예수와 같은 죽음이지만 '하나님의 영광을 나타내는' 죽음이 아니라 '하나님께 영광을 돌리는' 죽음이다. 영광은 오직 하나님과 예수에게만 속한다. 베드로의 순교는 예수의 수평적 기능을 승계 받아 예수의 계시를 나타내는 수단일 뿐이다.

5) 예수의 수직적 기능에 대한 승계: 애제자(21:20-23) - 증언

예수의 두 번째 기능은 아버지와 아들의 관계에서 나타나는 수직적 기능인 증언(witness)인데 이것을 애제자가 승계 받고 있다. 애제자가 증언이라는 예수의 기능을 승계 받은 것은 우연이 아니다. 요한공동체는 애제자에 의하여 세워진 특수 공동체이다. 그러나 요한공동체의 근거가 되는 애제자는 예수의 열두 제자도 아니며 정통 기독교에서 알려진 인물도 아니다. 이 점에서 애제자의 증언은 여러 면에서 권위를 지니기 어려웠다. 더구나 애제자의 증언은 정통 기독교에서 전해주고 있는 예수에 대한 전승과 많은 차이가 있었다.

요한공동체는 이런 한계를 극복하기 위하여 애제자의 증언이 예수에 대한 가장 정확한 증언임을 입증할 필요가 있었다. 이 점 때문에 요한복음은 예수의 두 가지 기능 중 요한공동체의 지도자인 애제자가 예수의 수직적 기능인 증언을 승계 받게 되었다고 해석한 것이다. 그 결과 애제자에 의해 기록된 요한복음이 예수에 대한 가장 올바른 증언이며, 이 증언에 따라 신앙 생활하는 요한공동체가 가장 적법한 예수의 공동체가 되는 것이다.

베드로와 비교할 때 애제자는 몇 가지 구별되는 특징을 지니고 있다. 첫째, 애제자는 요한복음의 후반부인 '영광의 책'에서만 나타난다.[271)] 둘째, 애제자는 익명으로만 나온다. 셋째, 행동적인 베드로와 달리 애제자는 정적이다.[272)] 넷째, 애제자의 삶에는 부정적인 요소가 없다.[273)] 다섯째, 애제자는 요한복음에만 나온다.

이런 특징을 지닌 애제자가 구체적으로 누구인가에 대한 논의는 크게 두 가지로 갈라진다. 그중 하나는 애제자는 실제 인물이 아니라 상징적 인물로 보는 경우와 다른 하나는 그를 역사적 인물로 보는 경우이다. 상징적인 인물로 보는 대표적인 신학자는 불트만(R. Bultmann)이다. 그는 애제자를 '이방 기독교'를 상징한다고 보았다.[274)] 그러나 많은 학자들은 애제자를 역사적 인물로 보고 있다.[275)] 그럼에도 불구하고 그가 누구인지에 대해서는 만족할 만한 결론을 내리지 못하고 있다.[276)]

---

271) 1:35-40에 나오는 두 제자 중 하나가 애제자인지에 대한 논의가 있다. 이 점에서 애제자란 명칭은 13장 이후에 국한되게 나타나고 있다. 13:23-26, 19:25-27, 20:2-10, 21:7, 21:20-23 참조. S. V. Tilborg, *Imaginative Love in John* (Leiden: E. J. Brill, 1993), 128-168; J. H. Charlesworth, op. cit., 30-126 참조.

272) 애제자의 행동에 대하여는 20:2-10에서 베드로와 함께 빈 무덤으로 달려간 것이 유일하다.

273) 애제자에 대하여 부정적으로 해석할 수 있는 부분은 20:9, 10과 21장에서 제자들과 함께 갈릴리 호수로 물고기를 잡으러 간 일이지만 성서 본문은 이런 애제자에 대하여 부정적으로 표현하고 있지는 않는다.

274) R. 불트만, op. cit., 2:. 530-532. 애제자의 상징에 대하여 각주 161 참조.

275) J. A. Grassi, *The Secret Identity of the Beloved Disciple* (New York: Paulist Press, 1992), 11-18; J. H. Charlesworth, op. cit., 141-222.

276) 애제자의 정체성에 대하여는 여러 가지 견해가 있다. 예를 들면 애제자를 나사로(J. M. Sanders, F. V. Filson)로, 마가요한(P. Parker)으로, 아니면 장로 요한(Papias, 초기의 R. E. Brown이나 R. Schnackenburg의 입장)으로 보고 있다. 서중석 "요한복음서의 베드로와 애제자," op. cit., 273-281 참조.

애제자가 역사적 인물이라는 증거는 두 가지 이유 때문이다. 첫째는 애제자의 익명성이다. 쿨만은 "애제자가 익명이라는 그 사실이 그가 역사적 인물임을 나타낸다. 묵시 복음서에서는 익명의 인물보다는 알려진 사람의 이름을 가지고 그들의 전승을 설명하는 경향이 있다"[277]고 지적하고 있다. 당시의 문학 양식으로 볼 때 저자의 이름을 밝히거나 유명한 사도의 이름을 저자로 사용하였는데 요한복음에서는 애제자란 익명을 사용한 것은 이례적이다. 애제자가 실제적인 인물이 아니라 상징적 인물이라면 구태여 익명을 사용할 필요가 없었을 것이다. 오히려 유명한 사도의 이름으로 표현하는 것이 더 효과적이기 때문이다. 그러므로 애제자란 익명성이 그가 역사적 인물임을 보여주는 하나의 증거가 된다. 그는 역사적 인물이지만 많은 사람들에게 잘 알려지지 않은 인물일 가능성이 크다.

둘째는 군터(J. J. Gunter)의 말과 같이 애제자가 단순히 상징적인 인물이라면 상징적인 인물의 죽음이 오해를 일으킬 수는 없다는 것이다.[278] 요한복음은 애제자의 죽음에 대하여 논쟁이 있었음을 암시하고 있다. 그것은 애제자가 요한공동체에서 구체적인 역사적 인물임을 말해 주는 것이다. 애제자의 죽음에 대하여 공동체 안에서 오해가 있었으며 21장 23절에서 그 오해를 수정해 주고 있다.

이와 같은 사실들을 종합해 볼 때 애제자에 대하여 아래와 같이 정리할 수 있을 것이다.[279]

(1) 애제자는 예수와 동행한 것으로 추정되는 실제적인 인물이다.

(2) 애제자는 요한공동체에서 중요한 인물이다.

---

277) O. Cullmann, *The Johannine Circle* (London: SCM Press, 1976), 77.

278) J. J. Gunter, op. cit., 135.

279) R. E. Brown, K. P. Donfried, and J. A. Fitzmyer, *Mary in the New Testament* (Philadelphia: Fortress Press, 1978), 211; J. H. Charlesworth, op. cit., 4 참조.

(3) 그는 모범적인 제자이다.

(4) 그는 역사적 예수에게로의 접근을 보증하는 특별한 증인이다.

요한복음에서 애제자는 베드로와 달리 일관성 있게 묘사되고 있다. 앞에서 지적한 대로 그는 예수의 가장 중요한 사건마다 거기에 있었다.[280] 그는 최후의 만찬, 예수의 십자가 죽음, 빈 무덤 그리고 현현을 목격하였다. 이 모든 것을 목격한 제자는 애제자뿐이다. 특히 19장 35절에서 요한은 예수의 십자가 죽음에 대한 증언자가 그것을 직접 목격한 애제자임을 분명히 말해주고 있다.

그러므로 애제자는 요한공동체의 중요한 인물이며 모범적인 제자인데 그의 사명은 예수에 대한 증언을 하는 것이다. 베드로가 예수의 삶에 따라 자신의 삶을 사는 것이 그의 사명이라면, 애제자는 예수의 정체성을 바르게 증거하는 것이 그의 사명이다. 이 점에서 애제자는 처음부터 끝까지 이 기능을 전하는 제자로 소개되고 있다. 이 때문에 베드로와 다르게 애제자에 대한 소명사화는 요한복음에서 나오지 않는다.

본문(21:20-23)에서는 이런 애제자를 세 가지 면으로 소개하고 있다. 첫째, 애제자는 예수의 품에 의지하는 자이다(13:23). 이 모습은 예수와 아버지의 관계를 말할 때 예수를 나타내는 모습과 동일하다. 1장 18절에서 요한복음은 예수를 "아버지 품속에 있는 독생하신 하나님"으로 묘사하고 있다. 그와 같이 13장 23절은 애제자를 예수의 품속에 있는 자로 소개한다. '품'(stēthos) 속에 있다는 것은 가장 가깝다는 것을 나타내는 상징어이다.[281] 구약성서에서는 남편과 아내, 부모와 자식 관계를 말할 때 이 용어를 사용하고 있으며 신약

280) 각주 234 참조.

281) J. A. Grassi, *The Secret Identity of The Beloved Disciple* (New York: Paulist Press, 1992), 50.

성서에서는 양자가 된다는 의미로 나사로가 죽어 아브라함의 품에 들어갔다고 표현하고 있다.[282)]

'품속'이 가장 친밀한 관계를 말한다는 의미에서 요한복음은 이 말을 하나 됨을 나타내는 다른 표현으로 사용하고 있다. 아버지의 품속에 있는 예수는 아버지와 하나 됨으로 아버지의 모든 것을 나타내는 계시자가 될 수 있었다. 이 때문에 1장 18절에서 '품속'을 '나타나다'(phaneō)라는 계시적 용어와 함께 사용하였다.[283)] 품속에 있는 자가 그분과 가장 가까우며 그 때문에 그분의 모든 것을 알 수 있기에 그분의 모든 것을 나타내 보일 수 있게 된다는 것이다. 이 점에서 하나님의 품속에 있는 예수가 하나님의 유일한 계시자가 되며 예수의 모든 행위에서 하나님의 속성인 '영광'이 나타나게 되었고, 그 결과 예수를 보는 것이 하나님을 보는 것이며 예수의 음성을 듣는 것이 하나님의 음성을 듣는 것이 되었다.

이런 예수의 모습과 동일한 인물이 애제자이다. 예수가 하나님의 품속에 있음으로 하나님과 가장 가까운 아들이 되었듯이, 예수의 품속에 있는 애제자는 예수의 가장 가까운 제자가 되었다. 그가 예수의 품속에 있는 자이기에 베드로는 애제자를 통하여 예수의 의중을 물은 것이다(13:24). 결국 하나님의 품속에 있는 예수를 통하여 하나님의 계시가 나타나듯이 예수의 품속에 있는 애제자를 통하여 예수의 계시가 나타나는 것이다. 20장 8절을 보면 베드로와 애제자가 함께 빈 무덤을 보았지만 애제자만 믿은 것도 베드로가 보지 못한 것을 애제자는 보았기 때문이다. 21장 7절에서도 일곱 제자 모두 예수의 기적을 경험했지만 애제자만 그분이 예수이심을 깨닫고 베드로에게 "주님이다"라고 전할 수 있었다.

282) 눅 16:19-31에서 22절 참조.

283) 요 1:18 "본래 하나님을 본 사람이 없으되 아버지 품속에 있는 독생하신 하나님이 나타내셨느니라" 참조.

결국 예수와 가장 가까이 있는 자였기에 애제자는 예수를 증언할 수 있는 제자가 될 수 있었다. 21장 24절은 그것을 "이 일들을 증언하고 이 일들을 기록한 제자가 이 사람이라 우리는 그 증언이 참된 줄 아노라"고 끝맺고 있다.

둘째, 애제자는 '머무는 자'이다. '머물다'는 말은 요한복음에서 중요한 용어이다.[284] 이 말도 품속과 같이 함께한다, 하나가 된다는 의미로 사용되고 있다. 그것을 예수는 "내가 아버지 안에 거하고 아버지가 내 안에 계신 것을 네가 믿지 아니하느냐 내가 너희에게 이르는 말은 스스로 하는 것이 아니라 아버지께서 내 안에 계셔서(menō) 그의 일을 하시는 것이라"(14:10)고 말하고 있다. 이런 함께 거함은 예수가 떠난 후에는 보혜사를 통하여 제자들에게 승계되고 있다. 이 점에서 '머물다'는 용어는 종종 성령과 제자직의 관계에서 사용되고 있다.

요한복음의 성령은 흔히 '보혜사'(paraclētos)로 표현되고 있다. 이런 표현도 애제자라는 칭호와 같이 13장 이후에 비로소 나온다. 그렇다면 요한복음은 애제자와 보혜사를 같은 상황에서 사용한 것이 된다. 특히 보혜사는 예수의 다른 영으로 예수와 깊은 연관성을 지니고 있다. 그것을 예수는 "그 날에는 내가 아버지 안에 너희가 내 안에 내가 너희 안에 있는 것을 너희가 알리라"(14:20)로 설명하고 있다. 예수가 아버지와 상호거함으로 하나인 것 같이 제자들도 예수와 상호거함으로 하나가 된다는 것이다. 그렇게 되는 때는 예수가 떠난 후 예수의 다른 영인 보혜사가 제자들에게 올 때이다.[285] 결국 예수는 떠나도 예수의 다른 영인 보혜사가 그들과 함께함으로

---

284) '머물다'는 말은 요한복음에서 흔히 '거하다'는 말로 번역되고 있다.

285) 다른 보혜사를 보내서 예수가 영원토록 너희와 함께 있게 하리니"(14:16)에서 '함께 있다'(meth' humon)는 구절은 '머물다'(menein)와 동의어이다. menein은 '영원히 함께 하는 것'이므로 현재형으로 사용되고 있다(14:17, 20, 15:27, 21:22, 23 참조).

예수와 있을 때보다 더 예수를 잘 이해할 수 있게 되는 것이다. 이것을 예수는 "그는 진리의 영이라 세상은 능히 그를 알지 못하리니 이는 그를 보지도 못하고 알지도 못함이라 그러나 너희는 그를 아나니 그는 너희와 함께 거하심이요(menein) 또 너희 속에 계시겠음이라"(14:17)고 말해주고 있다.

그러므로 '머물다' 는 용어는 '품속' 과 같이 상호거함으로 하나가 된다는 것인데 그 근거는 예수와 아버지의 관계에서 시작되며 예수의 떠난 후에는 그의 다른 영인 보혜사를 통하여 예수와 제자가 하나가 되는 것이다. 결국 보혜사는 하나님-예수-제자를 상호거함으로 하나가 되게 해 주는 매체이다(17:21).

이런 관점에서 '머물다' 라는 용어는 제자직과 자연스럽게 연결된다. 궁극적인 제자는 예수의 다른 영인 보혜사가 오심으로 완성되지만 보혜사가 오기 전에도 요한복음은 제자직과 '머물다' 의 관계성을 이미 언급하고 있다. 1장 39절에서 "예수께서 이르시되 와서 보라 그러므로 그들이 가서 계신(menei)데를 보고 그 날 함께 거하니"(emeinan)에서 두 번의 '머물다' 라는 말이 나오고 있다. 그것은 예수의 제자가 된다는 것은 단순한 따름으로 끝나는 것이 아니라 예수와 함께함 즉 상호거함에 있음을 나타내려는 것이다. 사마리아 여인의 사건에서도 마찬가지이다. 사마리아 여인이 예수가 누구인지 깨닫고 예수께 와서 자기들과 함께 유하기(meĩnai)를 청하므로 예수는 거기서 이틀을 머물렀다(emeinen)(4:40). 결국 요한복음이 이해한 제자직은 예수와 함께 함으로 하나가 되는 것이다. 이런 제자직의 완성은 보혜사가 오심으로 이루어진다.

보혜사를 통하여 제자직의 완성을 말해주는 '머물다' 라는 용어가 21장에서는 애제자를 설명할 때 사용되고 있다. 21장 22, 23절에서 두 번이나 이 용어가 나오고 있다. "내가 올 때까지 그를 머물게 하다"라는 말은 베드로의 순교와 대비되는 말이다. 베드로와 달리 애제자는 마지막까지 '머무는 자'로 있게 된다는 의미이다. 그것은 애제자가 예수와 상호거함으로 하나가 되어 그에 대한 참된 증인으로 영원히 남을 것임을 상징적으로 표현한 것이다.

결국 애제자는 예수의 모습과 가장 유사하게 표현된 유일한 제자로 요한복음은 소개하고 있다.[286] 베드로는 예수의 기능 중 수평적인 기능인 양 돌봄과 순교를 승계 받았다. 이것은 어떤 의미에서는 외적인 예수의 기능이라고 말할 수 있다. 명명된 제자의 상징인 베드로가 예수의 구체적인 사역을 승계 받고 있다면, 익명의 제자의 상징인 애제자는 예수의 내적 기능을 승계 받고 있다. 그것이 증언이다. 이 증언을 바르게 하기 위해서는 예수의 본질에 대한 바른 이해가 필요하다. 그것을 위해 예수와 하나가 되는 관계가 이루어져야 한다. 그것이 예수의 품속에 의지하는 것이며 또한 예수와 함께 머무는 것이다. 이 두 가지 조건을 갖춘 제자는 애제자뿐이다.

---

286) 컬페퍼는 이런 예수와 애제자의 유사점을 보혜사와 애제자의 기능의 유사점으로 설명하고 있다. Culpepper, op. cit., 122-123 참조.

4. 끝나지 않는 이야기

요한복음은 예수의 제자들을 폭넓게 이해하고 있다. 제자는 열둘이라는 특수 그룹도 아니며 예수의 중요한 사건들—십자가, 묻힘, 부활—을 목격한 자만도 아니다. 그렇다고 직접 예수를 보고 그와 함께하고 따르던 사람들로 규정하지도 않는다. 요한복음은 역사적으로 예수를 만나서 그를 따랐던 사람들뿐만 아니라 예수가 떠난 이후 예수를 믿게 된 사람들까지 예수의 제자로 보았다.

이 두 종류의 제자단이 예수의 사건에서 서로 비교되거나 같은 사건에서 동시에 소개되고 있다. 요한복음은 이것을 보다 효과적으로 나타내기 위하여 명명된 제자단과 익명의 제자단이라는 방법을 사용하고 있다. 전자는 역사적으로 예수를 구체적으로 따랐던 인물들이다. 이들은 예수의 공생애 동안 예수와 함께하면서 예수의 제자로서의 삶을 살았다. 이들과 비교하여 익명의 제자들이 소개되고 있는데 이런 익명의 제자들은 명명된 제자들과 달리 계층적으로 보아 제자가 될 수 없는 여인이거나 죄인, 병자, 이방인들이다. 그럼에도 불구하고 이런 익명의 제자들이 명명된 제자들보다 예수를 더 잘 이해하고 따랐던 것으로 그려지고 있다.

요한복음에 소개된 익명의 제자들을 통하여 독자는 쉽게 자신과 그 익명의 제자와 동일시할 수 있게 되었다. 명명된 제자들이 아무리 독자들과 친근하다 하여도 독자와 동일시되기는 어렵다. 그러나 익명이라면 그와 비슷한 상황에 있는 모든 사람들이 그와 동일시할 수 있는 것이다.

요한복음이 예수의 제자 가운데 예수를 보다 바르게 이해한 제자들을 익명으로 소개하고 요한공동체의 중심 인물을 애제자라는 익명으로 소개한 것은 예수가 떠난 이후의 세대들에 더 큰 관심이 있기 때문으로 보아야 한다. 이들은 예수를 만난 적이 없으며 예수와 동시대인이 아니기에 예수와 명명된 사람으로 만날 수는 없다. 이들은 익명으로만 예수와 만날 수 있는 것이다.

요한복음은 이 후대의 제자들을 위하여 제자직의 두 가지 기능을 보여주고 있다. 이 두 가지 기능은 베드로를 대표하는 명명된 제자들과 애제자로 상징되는 익명의 제자들을 비교하는 데서 분명히 드러나고 있다. 베드로는 예수의 기능 가운데 눈에 보이는 양돌봄과 순교를 승계 받고 있으며 애제자는 눈에 보이지 않는 예수를 증언하는 기능을 승계 받고 있다. 이 두 가지 기능은 서로 분리된 별개의 것이 아니라 서로 긴밀히 연결되고 서로 보완하여 예수의 사역을 완성시키는 것이다.

결국 베드로와 애제자를 통하여 예수의 두 가지 속성, 즉 사랑의 삶인 양 돌봄과 예수의 정체성을 나타내는 증언이 승계되었으며 이후에는 이 두 제자들로 인하여 태어난 수많은 교회의 지도자들과 예수를 전하는 증인들을 통하여 이 두 기능은 오늘도 계속되고 있는 것이다.

나오는 말

예수를 따르는 제자의 길은 한 가지가 아니었다. 그것은 예수가 원하는 제자의 길이 이론적이거나 교리적인 것이 아니기 때문이다. 제자의 길은 실천적이다. 그러기에 제자직은 제자들이 처한 역사적 상황과 형편에 따라 그 강조점이 다르게 나타난다. 신약성서는 복음서를 통하여 네 가지 서로 다른 제자의 길을 보여주고 있다.

마가복음이 보여주는 제자직은 가장 개인적이고 실존적이다. 그것은 예수의 십자가 앞에서 어떻게 결단할 것인가가 제자직을 결정하기 때문이다. 여기에는 공동체나 집단적 결단이 들어설 공간이 없다. 결단은 언제나 개인의 문제인 것이다. 더 나아가 이런 결단은 제자들의 인식이나 행동, 그리고 도덕성에 대한 어떤 유보나 발전적 요소를 용납하지 않는다. 스승인 예수께서 십자가의 죽음으로 그가 하나님의 아들이심을 드러냈듯이 그의 제자들도 스승과 같이 지금, 여기서 십자가를 지는 결단으로만 자신이 예수의 제자임을 드러낼 수 있는 것이다. 만약 지금, 여기서 그 십자가를 질 수 없다면 그는

'믿음이 없는 자'이며 예수의 제자가 아니다. 왜냐하면 십자가를 통해서만이 제자의 정체성이 결정되기 때문이다.

이 점에서 마가복음이 주장하는 제자직은 다분히 극단적이다. 십자가 앞에서 그것을 지는 결단이 없다면 그 사람이 아무리 유능하고 수제자이고 가능성이 있는 인물이라 하여도 예수의 제자는 아니다. 예수의 제자는 인품이나 능력이나 가능성에 근거한 것이 아니라 십자가를 질 수 있는 결단에 있기 때문이다. 그런 점에서 보면 마가복음에 나오는 예수의 12제자들은 실패한 인물들이다. 그들은 예수를 따랐지만 십자가 앞에서 그를 배반하고 십자가를 버렸기 때문이다. 역으로 십자가 앞에서 결단하고 예수를 배반하지 않은 여인들이 오히려 진정한 예수의 제자들로 소개되었다. 그러나 제자들은 예수의 십자가 앞에서는 실패하였지만 자기의 십자가를 지는 결단으로 회복할 수 있었다. 그렇다면 마가복음의 제자직은 '예수를 따르다'라는 막연한 표현보다는 '자기의 십자가를 지는 결단으로 예수를 따르다"라는 구체적 표현으로 정의할 수 있을 것이다.

요한복음의 제자직도 마가복음의 제자직처럼 개인적이고 실존적이다. 그러나 이 둘 사이에는 결정적인 차이점이 있다. 마가복음의 제자직은 십자가를 지는 결단이라는 행동이 중심이라면, 요한복음의 제자직은 '예수가 어떤 분인가'라는 인식이 중심이 된다. 요한복음의 제자직도 마가복음처럼 행위를 강조하지만 그 행위가, 마가복음처럼, 제자직을 결정하는 것이 아니다. 행위는 인식의 결과일 뿐이다. 그러므로 행위 이전의 인식이 더 중요한 것이다. '예수가 무엇인가'라는 인식의 초점은 예수의 탄생이나, 공생애나, 십자가 사건 그리고 부활과 재림에 있지 않다. 그것은 예수가 바로 하나님이라는 인식에 있다. 예수는 태초부터 하나님과 같은 분이었으며, 그 하나님이 육체로 오셨으며, 사역을 마친 후 다시 하늘로 돌아가는 '로고스 예수'라는 것을 인식하는 자가 참된 예수의 제자라는 것이다.

요한복음에서 참된 제자가 베드로보다는 애제자인 이유도 여기에 있다. 베드로는 외적인 요소들로 보아서는 분명히 예수의 수제자이다. 그는 12제자 중 하나이고, 제자들의 대변인이고, 예수의 가장 측근에서 따랐던 제자이다. 그럼에도 불구하고 예수를 가장 잘 이해하고 예수가 누구인지 온전하게 인식한 제자는 애제자이다. 베드로는 처음부터 끝까지 행동으로 예수를 따르고 있지만 예수를 바르게 인식하지 못한 반면, 애제자는 예수를 따르는 행위는 나타나지 않지만 그는 처음부터 끝까지 예수와 함께한 자로써 언제나 그 누구보다도 예수를 잘 인식한 자로 나타난다.

그럼에도 불구하고 21장에서는 행동하는 베드로의 사역인 '양 돌봄'과 인식하는 애제자의 사역인 '증언'을 하나로 아우르고 있다. 이 둘은 분리될 수 없는 예수의 사역이기 때문이다. 그럼에도 불구하고 요한복음에서만 애제자를 익명의 제자상으로 소개한 것은 예수에 대한 인식이 행위보다 우선적이라는 것을 말하는 것이다.

마태복음의 제자직은 도덕적이고 공동체적이다. 여기서 도덕적이라는 뜻은 예수의 말씀에 따라 사는 자라는 의미이고 공동체적이라는 뜻은 제자는 교회의 구성원으로 존재하는 자라는 의미이다. 이런 제자직의 특징은 마태복음의 기독론에 근거하고 있다. 마태복음의 기독론은 예수 안에 하나님이 임재하고 있다는 임마누엘 기독론이다. 예수 안에 있는 하나님은 예수의 이름으로 모인 사람들 안에 계신다. 그것이 바로 교회이다. 그러므로 마태복음의 제자는 개인이 아니라 집단에 속해 있는 사람이다. 그 집단은 바로 교회이다.

교회의 구성원인 제자들에게 요구되는 것은 도덕성과 발전성이다. 공동체는 사회 속에 합법적인 단체로 존재해야 한다. 그렇지 않을 경우 그 공동체는 존속할 수 없게 된다. 교회가 이런 사회 속에서 존재하려면 사회의 도덕보다 더 탁월한 도덕성이 있어야 한다. 이 점에서 마태복음의 제자직에는 탁월한 도덕성이 요구되고 있다.

그것은 '바리새인들의 의'보다 더 큰 의이다. 마태복음은 그것을 예수의 말씀의 요약인 두 가지 사랑의 계명, 즉 하나님 사랑과 이웃 사랑으로 설명하고 있다. 이 두 계명을 지키는 사람이 제자이다.

제자들이 이런 더 큰 의를 얻기 위해서는 교육을 통한 발전이 있어야 한다. 제자들이 지금은 부족하지만 교육을 통한 발전의 가능성이 있느냐 없느냐가 마태복음에서는 중요하다. 앞으로 교육을 통하여 더 큰 의를 이룰 수 있는 가능성이 있다면 그 제자는 예수의 참된 제자가 될 수 있을 것이다. 이 점에서 마태복음은 제자들을 '믿음이 없는 자들'로 호칭하지 않고 '믿음이 작은 자'로 호칭하였다. 이 호칭은 결코 부정적 의미로 사용한 것이 아니다. 오히려 지금은 부족하지만 앞으로는 발전 가능성이 있다는 것을 예견해 주는 말이다. 마태복음의 제자는 예수의 말씀에 따라 도덕적으로 성숙해 가는 존재이다.

누가복음의 제자직에도 마태복음처럼 공동체적 특징이 나타난다. 그럼에도 불구하고 누가복음의 제자직은 예수의 말씀에 대한 준수라는 도덕성이나 윤리성이 중심이 아니다. 오히려 예수의 해방사건의 현재적 실천이 제자직의 원리로 요구된다. 즉 예수가 행한 해방적 사건들을 제자들이 지금, 여기서 행할 때 진정한 제자직이 나타나는 것이다. 그러나 이런 해방의 사건은 제자 개인에 의하여 나타나지만 그 제자들은 교회라는 집단의 한 구성원이어야 한다. 사도행전을 보면 모든 사도들과 교사와 선교사들까지 모두 교회에서 파송한 사람들로 규정한 것이 그 이유이다. 예수를 통하여 나타난 하나님의 해방의 역사는 제자들에게 승계되고 그것은 교회를 통하여 세상 마지막 날 까지 지속되기 때문이다. 이 점에서 누가복음의 제자직은 예수를 모델로 삼아 그를 본받고 그가 행한 해방의 역사를 지금 여기서 감당하며 사는 사람이다.

그렇다면 오늘날 우리에게 요구되는 예수의 제자직도 한 가지로 규정되는 것은 아니다. 위에서 살펴본 네 가지 제자직 가운데 어느 하나이든가 아니면 두세 가지가 혼합하여 요구될 수도 있다. 그것은 우리들의 상황에 따라 결정될 것이다. 우리들의 상황이 네 복음서 중 어느 상황과 유사하느냐에 따라 그 복음서가 말하는 제자직을 택하여야 할 것이다. 이 점에서 오늘날 우리에게 요구되는 예수의 제자직은 사람에 따라 모두 다른 모습일 수 있는 것이다.

그럼에도 그 모든 제자직의 모습들을 꿰뚫는 한 가지 본질적인 공통점이 있다. 그것은 바로 예수의 삶을 되살리는 것이다. 마가복음에서는 그것을 십자가를 지는 결단의 삶으로 되살리고 있으며, 마태복음은 예수의 말씀인 사랑의 두 계명을 실천함으로 되살리고, 누가복음은 예수의 사역인 해방의 역사를 담당함으로 되살리며, 요한복음은 예수를 깊이 인식함으로 되살리고 있다.

결국 예수의 제자는 결단과 윤리와 행위와 인식으로 지금, 여기서 스승인 예수를 되살리는 사람이다. 그것이 상황에 따라 다르게 표현되었을 뿐이다. 그러므로 참된 제자직이란 스승인 예수를 자신의 삶으로 되살리는 것이다. 즉 제자들을 통하여 예수가 지금, 여기서 살아 있게 하는 것이다.

참고 문헌

김득중. 《마가복음의 부활신학》. 서울: 컨콜디아, 1981.

김지철. 《마가의 예수: 설교를 위한 마가복음 연구》. 서울: 한국성서학연구서, 1995.

김춘기. "예수의 비유에 대한 현대적 해석." 《신학과 목회》 (1987), 35-54.

______. "마가복음에 나타난 제자직에 대한 고찰." 《신학과 목회》 (1989), 51-73.

______. "요한복음에 나타난 제자직에 관한 연구." 《신학과 목회》 (2004), 45-71.

______. "예수의 계시사건으로 본 요한복음 21장." Ph. D. diss., 계명대학교, 2002.

서중석. "마르코 공동체와 베드로 공동체." 〈신학사상〉 58 (1987 가을), 531-547.

정양모. "마르코 복음서." 《200 주년 신약성서 주해》. 서울: 분도출판사, 2001.

정태현 편역. 《성서비평사전》. 서울: 성서와 함께, 1993.

Aland K. *VKGNT*. Berlin: Walter De Gruyter, 1978.

Achtemeier P. J. "Mark, Gospel of" in *The Anchor Bible Dictionary,* vol. 4. New York: Doubleday, 1992.

______. 《로마서》. 서울: 한국장로교출판사, 2003.

Bacon B. W. *Studies in Matthew*. London: Constable, 1930

Beck D. R. *The Discipleship Paradigm: Readers and Anonymous Characters in the Fourth Gospel.* Leiden: Brill, 1997.

Beker J. C. *The New Testament.: An Thematic Introduction.* Minneapolis:

Fortress Press, 1994.

Best E. "Discipleship in Mark: Mark 8. 22–10. 52." *SJT* 23 (1970), 323–37.

______. "The Role of the Discipleship in Mark." NTS 23 (1976–77), 377–401.

______. *Following Jesus: Discipleship in the Gospel of Mark.* JSNTSup 4; Sheffield: JSOT Press, 1981.

Black C. C. "Christian Ministry in Johannine Perspective." *Int* (1990), 30–31.

Boismard M. E. *St. John's Prologue.* Westminster: Newman, 1957.

Bonhoeffer D. 《나를 따르라》. 서울: 대한기독교서회, 2001.

Boomershine T. E. "Mark, the Storyteller: A Rhetorical Investigation of Mark's Passion and Resurrection Narrative." Ph. D. Diss., Union Theological Seminary, 1974.

Booth S. *Selected Peak Marking Feature in the Gospel of John.* New York: Peter Publishing, 1996.

Bornkamm G., G. Bart, H. J. Held, *Tradition and Interpretation in Matthew.* London: SCM Press, 1963.

Breck J. "John 21: Appendix, Epilogue or Conclusion?" *St. Vlandimir's Theological Quarterly,* vol. 36 (1992).

Brown R. E. *An Introduction To The Gospel of John.* New York: Doubleday, 2003.

Brown R. E., K. P. Donfried, and J. A. Fitzmyer, *Mary in the New Testament.* Philadelphia: Fortress Press, 1978.

______./최종진 역. 《요한공동체의 역사와 신학-사랑받는 제자공동체》. 서울: 성광문화사, 1994.

Bultmann, R./허혁 역. 《신약성서 신학》. 서울: 성광문화사, 1981.

Collins Raymond F. *These Things have Been Written: Studies on the Fourth Gospel. Louvain Theological and Pastoral Monographs.*

no. 2. Louvain: Peters Press: Grand Rapids: William B. Eerdmans Publishing, 1990.

Conzelmann H. "On the Analysis of the Confessional Formula in 1 Corinthians 15:3-5." Interpretation XX(1966).

______. *The Theology of St. Luke.* New York: Harper & Row, 1961.

Crosby M. H. "Matthew's Gospel: The Disciples' call to Justice." *The New Testament-Introducing the Way of Discipleship.* Wes Howard-Brook & S. H. Ring ed. New York: Orbis Books, 2002.

Crossan J. D. *In Parables; The Challenge of the Historical Jesus.* New York: Harper & Row, 1973.

______. "Empty Tomb and Absent Lord." in *Passion in Mark.* ed. by W. H. Kelber, Philadelphia: Fortress Press, 1796.

Cullmann O. *Peter: Disciple, Apostle, Martyr.* London: SCM Press, 1976.

______. *The Johannine Circle.* London: SCM Press, 1976.

de Jonge M. *Jesus: Strange from Heaven and Son of God.* SBLSBS 11; Missoula: Scholars Press, 1977.

Delebecque E. "La mission de Pierre et celle de Jean: note philologique sur Jean 21." *Bib* 67 (1986), 335-342.

Dodd C. H. The Parables of the Kingdom. New York: Scribner's, 1961.

Donahue J. R. "Jesus as the Parable of God in the Gospel of Mark." *Interpretation* 32 (1978), 377-378.

Ellis P. F. "The Authenticity of John 21." *St. Vlandimir's Theological Quarterly* vol. 36 (1992),17-25.

Euslin M. S. "Ephobouto gar, MK16:8." *JBL* 46(1927), 62-68.

Fitzmyer J. A. *The Gospel According to Luke I-IX.* New York: Doubleday & Company, 1981.

Fortna R. T. "From Christology to Soteriology: A Redation-Critical Study of Salvation in the Fourth Gospel." *Interpretation* 27

(1973), 31-47.

Franzmann M. and M. Klinger, "The Call Stories of John 1 and 21," *St. Vlandimir's Theological Quarterly* vol. 36 (1992), 7-15.

Funk R. W. Language. *Hermeneutic and Word of God*. New York: Harper & Row, 1966.

Gnilka J. 《마르코 복음 I》. 서울: 한국신학연구소, 1985.

Grassi J. A. *The Secret Identity of the Beloved Disciple*. New York: Paulist Press, 1992.

Haacker K. "Jesus und die Kirche nach Johanne." *TZ* 29 (1973), 179-201.

Hillmer Melvyn R. "They Believed in Him: Discipleship in the Johannine Tradition." in *Patterns of Discipleship in the New Testament*. ed. Richard N. Longenecker. Grand Rapids: William B. Eerdmans Publishing. 1996.

Howard-Brook Wes. *Becoming Children of God: John's Gospel and Radical Discipleship*. The Bible and Liberation Series. Maryknoll, NY: Orbis Books. 1994.

______. "John's Gospel's Call to Be Reborn of God." in *The New Testament-Introducing The Way of Discipleship*. New York: Orbis Books, 2002.

Hughes Glenn Leslie Jr. "A Literary Analysis of the Role of the Jewish Leadership in the Fourth Gospel." Ph. D. diss., New Orleans Baptist Theological Seminary, 1994.

Hurtado L. W. "Following Jesus in the Gospel of Mark-and Beyon." *Patterns of Discipleship in the New Testament* (Grand Rapids: Eerdmans, 1996), 9-29.

Jervell J. *Jesus in the Gospel of John*. Minneapolis: Augsburg Publishing House, 1984.

Kähler M. *The So-called Historical Jesus and the Historic, Biblical*

Christ. Philadelphia: Fortress Press, 1964.

Köstenberger Andreas Johannes. "The Missions of Jesus and the Disciples according to the Fourth Gospel: With Implications for the Fourth Gospel's Purpose and the Mission of the Contemporary Church." Ph. D. diss.. Trinity Evangelical Divinity School. 1993.

Kee H./서중석 역.《새시대의 공동체》. 서울: 기독교서회, 1983.

_____./서중석 역.《신약성서 이해》. 서울: 한국신학연구소, 1991.

Kelber W. H. "Apostolic Tradition and the Form of the Gospel," in *Discipleship in the New Testament.* Philadelphia: Fortress Press, 1985.

Kingsbury J. D. *Jesus Christ in Matthew, Mark, and Luke.* Philadelphia: Fortress Press, 1985.

_____. *Conflict in Mark.* Minneapolis: Fortress Press, 1989.

_____. *Conflict in Luke.* Minneapolis: Fortress Press, 1991.

Knight William E. Jr. "Defining Discipleship in The Fourth Gospel: A Narrative Gospel: A Narrative Analysis of The Motif for The Implied Reader." Ph. D. diss., New Orleans Baptist Theological Seminary, 2001.

Kreeling C. H. "A Philological Note on Mark 16:8," *JBL* 44 (1925), 357-358.

Kümmel W. G. *Introduction to the New Testament.* London: SCM Press, 1979.

Küng H./정한교 역.《왜 그리스도인인가》. 왜관: 분도출판사, 1982.

Kysar R. John, *The Maverick Gospel.* Atlanta: John Knox Press, 1979.

Lightfoot R. H. *The Gospel Massage of St. Mark.* London: Oxford Univ. Press, 1962.

Lohfink G./허혁 역.《당신은 성서를 어떻게 이해하십니까?》. 왜관: 분도출판사, 1977.

Longenecker R. N. "Taking Up the Cross: Discipleship in Luke–Acts." *Patterns of Discipleship in the New Testament.* ed., R. N. Longenecker. Michigan: Eerdmans, 1996.

McCalsland. *The Resurrection of Jesus: A New Study of the Belief That Jesus Rose from the Read, of Its Function as Early Christian Cult Story and of the Origin of the Gospel Literature.* New York: Nelson and Sons, 1932.

Mahoney R. Two Disciples at the Tomb: The Background and Message of John 20:1–10. Frankfurt: Herbert Lang Bern, 1974.

Marinus de Jonge. "The Fourth Gospel: The Book of th Disciples." in *Jesus: Stranger from Heaven and Son of God (Jesus Christ and the Christians in Johannine Perspective).* ed. and trans. John E. Steely. Society of Biblical Literature Sources for Biblical Study. ed. Wayne A. Meeks. no. 11. Missoula, MT: Scholars Press. 1977. 1–27.

Martin R. P. "Center of Paul's Theology." *Dictionary of Paul and His Letters.* ed. G. F. Hawthorne, R. H. Martin, D. G. Reid. Downers Grove: InterVarsity Press, 1993.

Marxsen W. *Mark the Evangelist: Studies on the Redaction History of the Gospel.* Nashville: Abingdon Press, 1969.

Michaels J. R. *John.* Peabody: Hendrickson, 1993.

Moreton M. B. "The Beloved Disciple Agains." SB (1978), 218.

Moule C. F. D. "The Individualism of the Fourth Gospel." *NovT* 5 (1962), 171–90.

Müller P. G. "πανερő,". *EDNT* 3: 414.

Neirynck F. *Duality in Mark: Contributions the Study of the Markan Redaction.* Leuven University Press, 1972.

O'Grady J. F. "Individualism and Johannine Ecclesiology." *BTB* 5 (1975), 227–61.

Pancaro S. "People of God' in St. John's Gospel." *NTS* 16 (1967-68), 114-29.

_____. "The Relationship of the Church to Israel in the Gospel of John." *NTS* 21 (1975-76), 395-405.

Pazdan Mary Margaret. "Discipleship as the Appropriation of Eschatological Salvation in the Fourth Gospel." Ph. D. diss., University of St. Michael's College, 1982.

Perrin N. *What is Redaction Criticism?* Philadelphia: Fortress Press, 1969.

_____./박익수 역. 《새로운 신약성서개론》. 서울: 한국신학연구소, 1991.

Powell, M./허주 역. 《복음서 개론》. 서울: 크리스찬출판사, 2003.

Quest K. *Peter and the Beloved Disciple: Figures for a Community in Crisis.* Sheffield: JSOT Press, 1989.

Ray Charles A. Jr. "The Concept of Discipleship in the Johannine School." Th. D. diss., New Orleans Baptist Theological Seminary. 1983.

Reim G. "Johannes 21: Ein Anhang?" *Studies in New Testament Language and Text: Essays Honor of George Dunbar Kilpatrick on the Occasion of His Sixty-Fifth Birthday.* ed. J. K. Elliot. Leiden: Brill, 1976. 330-337.

Robinson J. M. *The Problem of History in Mark.* London: SCM Press, 1968.

Schmahl G. "Die Berufung der Zwölf im Markusevangelium." *Trier Theologische Zeitschrift* 81 (1972), 203-213; Die Zwölf im Markusevangelium: Eine redaktionsgeschichtliche Untersuchung. Trier: Paulinus, 1974

Schottorft L. "Women as Followers of Jesus in New Testament Times: An Exercise in Social-Historical Exegesis of the Bible." ed. N K. Gottwald. *The Bible and Liberation: Political and Social*

Hermeneutics. New York: Orbis Books, 1983.

Scroggs R. *Christology in Paul and John: The Reality and Revelation of God.* Philadelphia: Fortress Press, 1998.

Schweizer E. "Der Kirchenbegriff im Evangelium und den Briefen des Johannes." *SE.* Berlin: Akademie-Verlag, 1959.

_____. *Lordship and Discipleship, Studies in Biblical Theology.* ed. H. H. Rowley et al., no. 28. London: SCM Press. 1960.

Segovia Fernando. "'Peace I Leave with You: My Peace I Give to You': Discipleship in the Fourth Gospel." in *Discipleship in the New Testament.* Philadelphia: Fortress Press. 1985.

Shuler P. L. *A Genre for The Gospels: the Biographical Character of Matthew.* Philadelphia: Fortress Press, 1982.

Siker-Giesler Jeffrey. "Disciples and Discipleship in the Fourth Gospel: A Canonical Approach." *Studia Biblica et Theologica* 10 (1980): 199–227.

Snyder G. F. "John 13:16 and the Anti-Petrinism of the Johannine Tradition." *BibRes* 16 (1971), 5–15.

Staley J. "The Structure of John's Prologue: Its Implications for the Gospel's Narrative Structure," *CBQ* 48 (1986), 241–264.

Stock K. *Boten aus dem Mit-Ihm-Sein. Das Verhältnis Zwischen Jesus und den Zwölf nach Markus.* AnBib70; Rome: Biblical Institute Press, 1975.

Talbert C. H. "Discipleship in Luke-Acts." *Discipleship in the New Testament.* ed. F. F. Segovia. Philadelphia: Fortress Press, 1985.

Tannehill R. C. "The Disciples in Mark: The Functions of a Narrative Role." *JR* 57 (1977), 386–405.

Theißen G. *The First Followers of Jesus.* London: SCM Press, 1978.

_____./류호성, 김학철 공역. 《복음서의 교회정치학》. 서울: 대한기독교서회, 2002.

_____. “복음서들에 나타난 지방색 연구.” 〈신학사상〉 66 (1989, 가을), 608.

Tilborg S. V. *Imaginative Love in John.* Leiden: E. J. Brill, 1993.

Weeden T. J. Jr. *Mark-Traditions in Conflict.* Philadelphia: Fortress Press, 1971.

_____. “The Conflict Between Mark and His Opponents Over Kingdom Theology.” in *SBLASP.* 1973. ed. G. MacRae; Cambridge, Mass.: Society of Biblical Literature, 1973.

Weiser, A. 《성경은 무엇을 기적이라 부르는가?》. 왜관: 분도출판사, 1987.

Wilkins M. J. “Discipleship,” Dictionary of Jesus and the Gospels ed. J. B. Green, S. Mcknight, I. H. Marshall. Downers Grove: Inter-Varsity Press, 1992.

_____. *Following the Master: A Biblical Theology of Discipleship.* Grand Rapids: Zondervan Publishing, 1992.

Witterington B. Ⅲ. *Women in the Ministry of Jesus.* Cambridge: Cambridge Univ. Press, 1984.

Wrede W. *The Messianic Secret.* Cambridge; James Clarke & Co., 1971.

Zerwick M. *Untersuchungen zum Markus-Stil.* Rome: Pontifcal Biblical Institute, 1937.